Dedicado a:

_____

_____

_____

_____

_____

Para: _____

De: _____

Fecha: _____

Quien soy en Cristo

José y Lidia Zapico

Nuestra Visión

Alcanzar las naciones llevando la autenticidad de la revelación de la Palabra de Dios, para incrementar la fe y el conocimiento de todos aquellos que lo anhelan fervientemente; esto, por medio de libros y materiales de audio y video.

Primera edición 2006
ISBN: 1-59900-010-5

Todos los derechos son reservados.
Ninguna parte de esta publicación puede ser reproducida o archivada en un sistema electrónico, ni transmitida bajo ninguna forma electrónica, mecánica, fotográfica, grabada o de alguna otra manera sin el permiso previo del autor por escrito.

Portada diseñada por: Esteban Zapico

Citas bíblicas tomadas de la Santa Biblia, Revisión 1960

Categoría: Crecimiento espiritual

Impreso por: JVH Publications

¿Quién Soy En Cristo?

Dedicatoria

Dedicamos este libro a nuestro Amado Señor Jesucristo, quien es la gracia viviente por la cual recibimos de Él su amor incondicional. Y a todos aquellos que tienen el deseo ferviente de recibir el regalo de Dios, que es su favor inmerecido.

Índice

Objetivo.. 11

Capítulo I

El Regalo de Dios... 13
Dádiva de amor sin límites........................... 15
Vivir bajo la gracia es dar............................. 17
Israel fue el primero en experimentar la
gracia y la misericordia de Dios..................... 19
Jesús mismo se constituyó el regalo de Dios
para la humanidad..................................... 13

Capítulo II

La Gracia Verdadera...................................... 27
¿Qué es la gracia?..................................... 29
Profundizando en la gracia verdadera.......... 31
La fe es un don de Dios............................... 37
Amor inmerecido....................................... 40

Capítulo III

Andando Bajo el Favor de Dios..................... 43
¿Qué es vivir bajo el favor de Dios?............... 45
¿Quién eres tú, oh gran monte?..................... 46
Conociendo mis derechos............................ 51

Capítulo IV

**La Gracia de Dios Produce que
Aborrezcamos e Pecado**............................... 59
Vivir bajo el favor de Dios evita pecar........... 61
Dentro del gran favor está la justificación
de Dios.. 63

Capítulo V

¿Quién Soy en Cristo?.. 69
Conoce, vive y goza los más de 70 diferentes
beneficios que te pertenecen por ser de Cristo

Conclusión...201
Bibliografía..203

Objetivo

El objetivo de este libro es revelar el derecho legal dado por Dios mismo a cada creyente por medio de su hijo Jesucristo. Es de suma importancia conocer los beneficios que se alcanzan al nacer de nuevo y ser hecho "hijo de Dios". Cada participante de la gracia recibe beneficios físicos, emocionales y espirituales.

"¿Quién soy en Cristo?" está diseñado para aportar conocimiento y dar crecimiento a cada creyente; edificando encima del fundamento que sostiene el edificio, que es Cristo.

Este edificio se construirá para adquirir el conocimiento que lo llevará a cambiar su estilo de vida; para que de esta manera, se pueda modelar el carácter del Padre Celestial y llegar a tener una vida de victoria completa.

Este libro muestra claramente la posición sublime que cada cristiano, nacido de nuevo, puede alcanzar al conocer "quién es en Cristo"; llevándolo al nivel más alto del plan de Dios diseñado para su vida.

Capítulo I

El Regalo de Dios

1. Dádiva de amor sin límites

Cuando hablamos de un regalo siempre viene a nuestro pensamiento el equivalente a gratis; es cierto, todo regalo se obtiene sin pagar nada, por eso es un regalo. Así mismo es la gracia de Dios, al hallarla tenemos que asociarla a un regalo sin merecerlo. Veamos algunos aspectos de la gracia:

- La gracia es el regalo que, sin merecerlo, recibimos del Padre por la obra que hizo Cristo. Este regalo es completo y total para suplir todas las necesidades del creyente en Dios (sin costo alguno).

- El padre envió a su hijo (la gracia revelada) para repartir "dones" a los hombres.

- El hijo de Dios es el "don" (regalo) hacia la humanidad, y Él nos dio la virtud de la salvación.

- El amor del Padre fue tan grande hacia su creación que entregó lo que más amaba (su hijo), para la salvación de todos aquellos que en Él creyeran.

Al entender lo anterior, debemos saber que cada creyente tiene que dar de gracia lo que recibió por gracia a otros, para así cumplir el propósito de Dios en la tierra. Todo lo que somos y hacemos se lo debemos al autor y ejecutor de la fe. La obra que realizó Jesucristo fue consumada y finalizada. Por tanto, no se puede añadir nada ni hacer sacrificios humanos para merecerla.

Aunque la revelación de la gracia se encuentra en la Palabra, no todos experimentan la libertad de vivir bajo ella. Pero aquel que alcanza esta revelación, vive consciente de que la gloria es para Cristo (aunque fuere lo más pequeño).

Vivir bajo la "gracia" exalta la obra del redentor y al Padre por dárnosla, anulando totalmente la obra humana. En este trabajo divino, Dios quiso que la mano del hombre no generara nada, para que toda la gloria fuera solamente para Él.

¡La salvación es por fe, y se recibe por gracia y sólo para Él es la gloria!

Por tal razón, Dios no permite ni permitirá que nadie le quite la gloria que sólo a Él le pertenece.

2. Vivir bajo la gracia es dar

El Padre dio a su hijo Jesucristo. Por eso, vemos que el favor de Dios siempre se recibe porque Dios lo da. Dar y recibir es lo destacado en la gracia, por esto, todos aquellos que han recibido de gracia, de gracia tienen que dar. Jesús dijo: *"es más bienaventurado dar que recibir"* Hechos 20:35. Porque al dar estamos haciendo la acción de aquello que salió del corazón del Padre. De esa forma, lo estamos agradando. Así pasa con el creyente que recibe bendiciones de Dios: a medida que se recibe más de Él, más se puede dar, y sin darnos cuenta nos convertimos en bendición. Si vimos bajo su bendición y damos de la misma, eso cosecharemos, porque nos convertimos en hijos de bendición.

Cuando nosotros damos algo, estamos expresando el carácter de Dios; cuando recibimos algo, estamos demostrando el carácter y la forma de ser normal de un hombre. Por eso, el Señor dijo: *"de gracia recibisteis, dad de gracia."* (Mateo 10:8).

Jesús les había conferido a sus discípulos autoridad y poder para sanar a los enfermos, echar fuera demonios y aun levantar a los muertos. Si por un momento ellos hubieran dado estos regalos a cambio de dinero o bienes materiales, sin lugar a duda, habrían acumulado riquezas, pero esto habría oscurecido el mensaje de la revelación de la gracia que Jesucristo mandó a manifestar.

La gracia muestra, entonces, lo que Dios es en su naturaleza y carácter, y no lo que nosotros somos en nuestra insuficiencia.

El que da se beneficia porque su corazón se ensancha más y más. Dios es el que recompensa el ser dadivoso dándole en abundancia, para así poder dar más. Es un ciclo sin parar, este misterio es parte de la gracia. El que más da más tiene para dar. Este es el don de Dios y todo aquel que quiere ser como Él es, tiene que darse como Él se dio.

El carácter de Dios es dadivoso y compasivo. Dios es amor /ágape/, este amor es entregarse, es darse a sí mismo. El que conoce la gracia conoce el amor de Dios, y el que conoce el amor de Dios y lo practica, anda en la luz.

> *"Este es el mensaje que hemos oído de él, y os anunciamos: Dios es luz, y no hay ningunas tinieblas en Él. Si decimos que tenemos comunión con Él, y andamos en tinieblas, mentimos, y no practicamos la verdad; pero si andamos en luz, como Él está en luz, tenemos comunión unos con otros, y la sangre de Jesucristo su Hijo nos limpia de todo pecado. 1 Juan 1:5-7*

La gracia se refiere, entonces, al carácter esencial de Dios. Porque Dios, por causa de su grandeza y de su plenitud, no necesita de nadie ni de nada; Él se complace en dar.

3. Israel fue el primero en experimentar la gracia y la misericordia de Dios

Israel fue escogido por Dios para ser el pueblo que lo conociera a plenitud en su carácter y en su manifestación. El propósito de Dios fue que Israel tuviera comunión con Él.

Desde el llamado de Dios a Abraham hasta el fin de su caminar en la tierra, YHVH se manifestó a él en misericordia y en genuina amistad. Abraham, desde un principio, creyó a Dios y le obedeció incondicionalmente:

"Creyó Abraham a Dios y le fue contado por justicia", fue hecho justo por creerle a Dios.

Su familia procedía del lugar donde servían a dioses extraños, llamado Ur de los Caldeos. Pero Dios muestra su misericordia con un hombre para demostrar su grandeza. (Josué 24:2).

La gracia nos enseña de dónde hemos sido sacados, para que la gloria sea para Él.

La gracia de Dios es la que nos cubre y nos hace parecer especiales, porque Él es especial. Debemos tener muy claro en nuestro corazón de dónde nos sacó el Señor para que nunca nos ensoberbezcamos, ni pensemos que es por nuestra propia justicia que Él nos amó y nos escogió.

Esto nos lleva a recordar hoy día que si somos hijos de Abraham y tenemos las puertas de los cielos abiertas, es porque Dios llamó a este hombre por pura gracia y él le creyó.

La personalidad de Abraham es una muestra más de la realidad de todo creyente: la fragilidad del vaso y la preciosidad del tesoro que Dios deposita dentro.

El regalo de Dios se manifestó primeramente a Israel, al escogerlo de entre los pueblos y santificarlo; no por sus obras o por habérselo merecido. Antes de cruzar el Jordán, Dios habla al pueblo por medio de Moisés, diciendo:

> *"Porque tú eres pueblo santo para Jehová tu Dios; Jehová tu Dios te ha escogido para serle un pueblo especial, más que todos los pueblos que están sobre la tierra."*
> Deuteronomio 7:6

Sin embargo, luego les dice:

> *"Oye Israel: tú vas hoy a pasar el Jordán, para entrar a desposeer a naciones más numerosas y más poderosas que tú ... Entiende, pues, hoy, que es Jehová tu Dios el que pasa delante de ti como fuego consumidor, que los destruirá y humillará delante de ti ... No por tu justicia, ni por la rectitud de tu corazón entras a poseer la tierra de ellos, sino por la impiedad de estas naciones ... porque pueblo duro de cerviz eres tú"* Deuteronomio 9:1, 3, 5, 6

En este pasaje, queda claro que la elección de Israel no es por obras, sino que fue por gracia y en una demostración genuina de misericordia. No fue por su justicia ni por la rectitud de su corazón, sino por el que elige. En ellos no había méritos, sino sólo imperfecciones. Fueron rebeldes y de dura cerviz, lo único que habían hecho en el trayecto por el desierto era provocar a ira al Señor.

Moisés, en su cántico final, deja testimonio de ello al decir:

"...Dios de verdad, y sin ninguna iniquidad en Él; es justo y recto. La corrupción no es suya; de sus hijos es la mancha, generación torcida y perversa. ¿Así pagáis a Jehová, pueblo loco e ignorante?... Y más adelante agrega: "Porque son nación privada de consejos, y no hay en ellos entendimiento."
Deuteronomio 32:4-6, 28

Sin embargo, era el pueblo de su elección, y damos alabanza a Dios porque los escogió, porque Él sabe lo que hace, por eso es Dios. *"Por pura gracia los ame"*, así es ahora, somos llamados para alcanzar las riquezas de su gracia, para que la excelencia sea de Dios y no del barro que Dios formó.

Pero, además, fue hablado por los profetas y establecido por boca de Dios que el pueblo que no lo había conocido también recibiría ese don de la fe y la salvación de parte de Dios mismo. Dios prometió que toda la humanidad tendría la oportunidad de participar de la "gracia", por su bondad.

Isaías fue el profeta que anuncio la venida del Mesías en su carácter como Salvador y Rey. Sus predicciones y proclamaciones proféticas nos incentivan a recibir la virtud de Dios mismo gratuitamente.

> "A todos los sedientos: venid a las aguas; y los que no tienen dinero, venid, comprad y comed. Venid, comprad sin dinero y sin precio, vino y leche." Isaías 55:1

> "He aquí, llamarás a gente que no conociste, y gentes que no te conocieron correrán a ti, por causa de Jehová tu Dios, y del Santo de Israel que te ha honrado." Isaías 55:5

Jesucristo fue enviado lleno de gracia y poder para beneficiar a todos los que tuvieran hambre y sed de justicia.

4. Jesús mismo se constituyó el regalo de Dios para la humanidad.

> "Yo lo desperté en justicia, y enderezaré todos sus caminos; él edificará mi ciudad, y

> *soltará mis cautivos, no por precio ni por dones, dice Jehová de los ejércitos."*
> *Isaías 45:13*

El hijo del Dios viviente fue manifestado a todo el mundo para que a través de su vida, muerte y resurrección todos los que creyeran recibieran por la cruz:

1. Liberación de la pasada manera de vivir
2. Rotura de sus cadenas (pecados)
3. Redención total
4. Herencia de todas las promesas tanto en la tierra como después de la muerte; la vida eterna.

La sangre derramada en la cruz del Calvario fue el precio a pagar para el rescate de nuestras rebeliones y maldiciones que estaban sobre el nosotros.

> *"...sabiendo que fuisteis rescatados de vuestra vana manera de vivir, la cual recibisteis de vuestros padres, no con cosas corruptibles, como oro o plata, sino con la sangre preciosa de Cristo, como de un cordero sin mancha y sin contaminación..."*
> *1 Pedro 1:18, 19*

El precio que Jesús pagó fue totalmente completo, nadie puede añadirle nada, fue un precio "muy alto", su propia vida, por el que debemos estar siempre agradecidos. Todo aquel que cree y vive bajo los beneficios de Jesús, tiene un cántico de gratitud en sus labios, tal como dice la Palabra: *"Dad gracias a Dios siempre"*. Así como se nos exhorta: *"Sed pues agradecidos"*.

Reflexiona y memoriza:

Para tener una vida espiritual exitosa, plena y llena de abundancia, tienes que conocer los beneficios que Dios te ha dado por medio de Jesús. Esto se te fue concebido para que fueras su hijo, abundando en todo.

Muchas personas no tienen más porque ignoran los favores ya dados y no saben cómo hacer para recibirlos. Estas virtudes las disfrutan sólo los conocedores, aquellos que han hecho suyas las promesas de Dios por la fe. Creer en las promesas, aplicarlas y vivirlas en todos los ámbitos de la vida física, emocional y espiritual te constituirá en un vencedor. Recuerda que el propósito de Dios para cada hijo suyo es que llegue a abundar en prosperidad y virtud para toda buena obra.

Capítulo II

La Gracia Verdadera

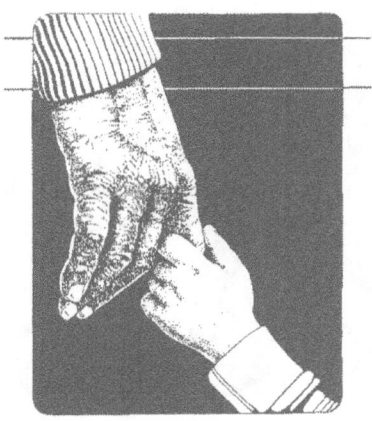

1. ¿Qué es la gracia?

La palabra gracia, en griego es /jaris/, que denota **perdón** tanto humano como Divino.

> *"Pero el don no fue como la transgresión; porque si por la transgresión de aquel uno murieron los muchos, abundaron mucho más para los muchos la gracia y el don de Dios por la gracia de un hombre, Jesucristo."*
> *Romanos 5:15*

La palabra *gracia* es una de las más extraordinarias de toda la Biblia, en ella se encierra todo el amor de Dios manifestado a sus criaturas, siendo esta un rasgo indecible de nuestro bendito Dios; incomprensible muchas veces para la mente humana.

Esta gracia se ha manifestado a través de la historia y se observa en sus tratos de Dios con el hombre. La gracia de Dios comenzó a funcionar apenas el hombre cayó en el engaño, en el jardín del Edén. Sin embargo, antes de que esto ocurriera, Dios ya había hecho su plan para recuperar al hombre hacia su eterno propósito, basado en su amor. De la misma manera que el pecado afecta al hombre, también afecta a toda la creación, es por eso que su gracia alcanza a toda la creación.

"Porque de tal manera amó Dios al mundo, que ha dado a su Hijo unigénito, para que todo aquel que en Él cree, no se pierda, mas tenga vida eterna. Porque no envió Dios a su Hijo al mundo para condenar al mundo, sino para que el mundo sea salvo por Él."
Juan 3:16, 17

La expresión "de tal manera", resalta la intensidad o grandeza del amor de Dios que, siendo Él el Padre Eterno, entregó a su Hijo único y perfecto para que muriera a favor y en representación de la humanidad pecadora.

A pesar de la caída del hombre, Dios siempre ha estado dispuesto a:

- Levantarlo, porque estaba alejado de su gracia.
- Perdonarlo, porque había desobedecido.
- Transformarlo de su imagen pecaminosa, a la posición de hijo de Dios.

- Proporcionarle dones y talentos para que alcance su propósito en la vida.
- Colocarlo en una posición de gran estima junto a Él.

2. Profundizando en la gracia verdadera

Lo primero que la gracia nos permite es conocer a Dios como el Dios de toda gracia y de todo don perfecto.

"Mas el Dios de toda gracia, que nos llamó a su gloria eterna en Jesucristo, después que hayáis padecido un poco de tiempo, Él mismo os perfeccione, afirme, fortalezca y establezca." 1 Pedro 5:10

Dios se revela a sí mismo en su gracia por medio de Jesucristo. Él revela completamente su forma de ser, su carácter, su amor y misericordia hacia sus criaturas.

"*...la gracia y la verdad vinieron por medio de Jesucristo.*" Juan 1:17

De manera que ahora, por medio de Jesucristo, tú puedes conocer al Dios de gracia. La gracia tiene una sola dirección de Dios hacia los hombres, de arriba hacia abajo. Así que, los que conocen la gracia de Dios son portadores de las mismas virtudes de la gracia: dan amor y también usan constantemente la misericordia.

El amor, además de ser vertical, del cielo a la tierra, también es horizontal, en las relaciones del hombre con su prójimo (hacia los lados). Un corazón que ha recibido el amor de Dios sabe darlo.

Un corazón que ha recibido la gracia debe saber expresar la gracia. El don de la gracia es dar sin esperar recompensa, es dar al pobre porque sabe que no le va a poder devolver lo recibido. La gracia es dar con el amor de Dios sin esperar recompensa; dar de gracia por el infinito e inmenso amor.

Los cristianos tienen que entender y analizar **el vivir en la gracia por gracia y para la gracia.**

- Vivir **en la gracia** porque Él nos amó primero
- vivir **por gracia** para que el yo y la soberbia del hombre sea disminuida hasta desaparecerla.
- vivir **para la gracia** es vivir para Dios y servirle por amor, no esperando nada a cambio.

El profeta Isaías se refirió acerca de las obras del hombre frente a Dios diciendo: *"éstas son como trapos de inmundicia"*. La obra humana no justifica su pecado ante el Padre. La obra de Cristo si porque fue perfecta, **Cristo se hizo justicia para que fuésemos "justos".**

Dios se reveló en el pasado como el Dios de misericordia. ¿Acaso todos los que conocieron al Dios Adonai, no han gustado de la benignidad del Señor? ¡Claro que si! Por eso, el salmista David repite tantas veces la frase *"Porque para siempre es su misericordia"*, en su Salmo 136

"El es el que en nuestro abatimiento se acordó de nosotros, porque para siempre es su misericordia; y nos rescató de nuestros enemigos, porque para siempre es su misericordia. El que da alimento a todo ser viviente, porque para siempre es su misericordia." Salmos 136: 23-25

Su amor es tan grande que da alimento continuamente a todo ser viviente, no sólo al hombre, sino a todo ser creado por Él. La palabra dice que el sol sale sobre los justos y pecadores, y que su justicia se refleja diariamente.

El corazón del hombre es estrecho, mas el de Dios es amplio. La medida de su corazón es mucho más grande que la de sus criaturas, y Él actúa según su insondable compasión, en sus altos pensamientos y sus caminos inescrutables.

Por medio de Isaías Dios dice:

> *"Porque mis pensamientos no son vuestros pensamientos, ni vuestros caminos mis caminos, dijo Jehová. Como son más altos los cielos que la tierra, así son mis caminos más altos que vuestros caminos, y mis pensamientos más que vuestros pensamientos."* Isaías 55:8, 9

¿Cómo son los pensamientos y los caminos del Señor? Son más sublimes y más altos que los de los hombres. Por eso, no se pueden comparar. La mente del hombre es limitada, mientras que la de Dios es infinita. Sus caminos son calzadas eternas, con proyección en rectitud y justicia. Sus pensamientos están más altos que los cielos sobre la tierra; así son sus caminos, más altos que los nuestros. Los pensamientos y los caminos de Dios son inalcanzables para el hombre, pero Dios, que es bueno en misericordia, mandó a Jesucristo para abrirnos camino hacia el Padre.

"Por la misericordia de Jehová no hemos sido consumidos, porque nunca decayeron sus misericordias. Nuevas son cada mañana; grande es tu fidelidad. Porque el Señor no desecha para siempre; Antes si aflige, también se compadece según la multitud de sus misericordias; porque no aflige ni entristece voluntariamente a los hijos de los hombres." Lamentaciones 3:22, 23; 31, 33

Dios se renueva día a día, vive dentro de la eternidad. Antes de conocer la gracia, debemos conocer la misericordia, porque ésta nos lleva a la revelación de la gracia y al amor del Padre. No hay gracia sin amor, ni hay amor sin misericordia. Dentro de esta renovación diaria está el misterio de la ciencia de Dios manifestada en su carácter. Su fidelidad es el reflejo de su misericordia, su inteligencia y omnisciencia.

El Apóstol Pablo expresa:

"¡OH profundidad de las riquezas de la sabiduría y de la ciencia de Dios! ¡Cuán insondables son sus juicios, e inescrutables sus caminos!" Romanos 11:33

Esto nos indica que los propósitos y decretos de Dios están por encima del pensamiento humano, como también las formas para hacer las cosas que Él ha escogido para cumplir estos propósitos.

¿Qué mente puede entender las profundidades de su amor?

> "Toda buena dádiva y todo don perfecto desciende de lo alto, del Padre de las luces, en el cual no hay mudanza, ni sombra de variación." Santiago 1:17

El salmista David dice:

> "No ha hecho con nosotros conforme a nuestras iniquidades, ni nos ha pagado conforme a nuestros pecados. Porque como la altura de los cielos sobre la tierra, engrandeció su misericordia sobre los que le temen." Salmo 103:10, 11

¿Acaso Dios no hace salir el sol sobre malos y buenos y hace llover sobre justos y pecadores?

El no abrió su boca para maldecir a todos aquellos que le injuriaban. Jesús le dijo a la mujer pecadora: "...ni yo te condeno; vete, y no peques más."

Nosotros actuamos, nos movemos y juzgamos según la pequeñez de nuestro corazón; pero Dios actúa, se mueve y juzga según su gracia. Jesús devuelve bien por mal.

De esa misma manera obremos nosotros sobre aquellos que nos ofenden, y recibiremos la aprobación en nuestro corazón; la paz dejará de ser un nombre para convertirse en un nuevo estilo de vida.

La palabra "gracia" es como una estrella que destella muchos rayos, que todos combinados realzan la palabra amor. O sea, cuando se entrelaza la misericordia, el perdón inmerecido, los dones, el favor, la compasión y la fidelidad dan como resultado lo más grande: el amor.

3. La fe es un don de Dios

La gracia es el regalo inmerecido de Dios concedido al hombre, pero hay un canal para recibirlo, y éste es la fe.

*"Porque por gracia sois salvos por medio de la fe; y esto no de vosotros, pues **es don de Dios...**" Efesios 2:8*

La fe es un don de Dios. Es el don ofrecido, no en virtud de mérito alguno, sino en virtud del carácter de quien lo ofrece. No es por el merecimiento de quien lo recibe, sino por la generosidad de quien lo da.

La gracia es la mano extendida de Dios hacia el hombre para bendecir, la fe es la mano del hombre extendida para recibir.

"Les das, recogen; abres tu mano, se sacian de bien." Salmo 104:28

La fe es la mano del hombre alzada hacia Dios; débil, titubeante y a veces dudosa, pero con amor de parte del creador recibe la abundancia que se desprende de su mano generosa, como la miel dulce, como la mirra fragante.

La fe, sin duda, es un don maravilloso y a cada uno se le ha dado una medida. Esa medida espiritual se puede aumentar si esta fe se ejercita. No es suficiente pedirla como lo hicieron los discípulos impresionados por los portentos realizados por el Señor; ellos le dijeron: "*Auméntanos la fe*". El Señor no les responde directamente, sino que les dice: "*Si tuvierais fe como un grano de mostaza, podríais decir a este sicómoro: desarráigate, y plántate en el mar; y os obedecería."* Lucas 17:5, 6

La fe se cultiva y se incrementa oyendo y leyendo la Palabra de Dios con disciplina y voluntad propia.

El apóstol Pablo enseño: *"Así que la fe es (o viene) por el oír, y el oír, por la palabra de Dios."* Romanos 10:17

El Señor Jesús tenía esa fe, no sólo porque era el Hijo de Dios, sino porque Él había hecho suya la palabra de Deuteronomio 8:3, que dice: *"...no sólo de pan vivirá el hombre, mas de todo lo que sale de la boca de Jehová vivirá el hombre".* Desde adolescente, demostró un profundo conocimiento de las Escrituras con las penetrantes respuestas dadas a sus adversarios.

Hoy nosotros tenemos el mismo camino para alcanzar una fe sobria y poderosa. La fe no es un asunto de fabricación humana, ni el don de Dios se puede comprar. Pedro, el apóstol, se encontró con un hombre llamado Simón, que quiso comprar el don de Dios.

"Cuando vio Simón que por la imposición de las manos de los apóstoles se daba el Espíritu Santo, les ofreció dinero, diciendo: Dadme

> *también a mí este poder, para que cualquiera a quien yo impusiere las manos reciba el Espíritu Santo. Entonces Pedro le dijo: tu dinero perezca contigo, porque has pensado que el don de Dios se obtiene con dinero."* Hechos 8:18-20

La fe se nutre con las palabras de la fe.

> *"Si esto enseñas a los hermanos, serás buen ministro de Jesucristo, nutrido con las palabras de la fe y de la buena doctrina que has seguido."* 1Timoteo 4:6

La fe de Dios es la única y verdadera fe. Esta es la que, como dice Marcos 11:24, cree la cosas como si ya estuvieran hechas, para que lleguen a ser. Busca la fe de Jesucristo para poder tener fe en Él.

4. Amor inmerecido

Analicemos tres palabras griegas para expresar amor: /eros/, /philia/ y /ágape/. La palabra griega /ágape/ no existía en el diccionario griego hasta que Jesucristo llegó y sus discípulos la comenzaron no sólo a usar, sino a vivir. Apareció en los escritos de los Hechos de los Apóstoles y en las cartas recopiladas llamadas hoy día el Nuevo Testamento.

La palabra /*Eros*/ era usada por los griegos como el amor sensual entre una pareja (placer, erotismo); ellos la utilizaban para dar a entender el placer en el sexo. Para referirse al amor familiar y matrimonial, los griegos usaban la palabra /philia/.

La palabra /*Philia*/ encierra la idea de un afectuoso reconocimiento, y se usaba con respecto al amor familiar y entre amigos. La mejor traducción para esta palabra es "aprecio".

/*Ágape*/ es la palabra griega usada en el Nuevo Testamento, e indica el amor dado por Dios a sus hijos. Fluyó desde la cruz al hombre y desde el pecador regenerado, por la sangre de Cristo, fue transmitido al prójimo. Ágape no es una mera emoción pasajera, es el amor de Dios dándose a otros. "Ágape" es entrega, es amor sufrido, benigno y todo lo que es descrito en *1Corintios 13*.

El amor *ágape* no es posible para el hombre natural; por tal motivo, es necesario tener el fruto del Espíritu Santo y ejercitarlo. "Ágape" es, verdaderamente, el amor como virtud cristiana, porque es amor de Dios. Dios es amor, entrega y pasión.

Este es el amor de Dios, es la expresión de su gracia admirable que va uniendo al Padre, al Hijo y a nosotros. "Ágape" es el lenguaje que nos une al cuerpo de Cristo y manifiesta que somos realmente hijos de Dios.

Capítulo III

Andando Bajo el Favor de Dios

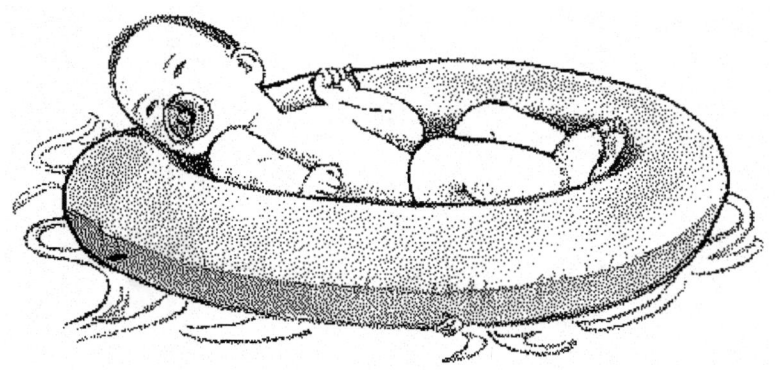

1. ¿Qué es vivir bajo el favor de Dios?

Para tener una vida espiritual exitosa y llena de abundancia, tienes que conocer los planes de Dios para tu vida, y saber quién eres en Cristo. Muchas personas no tienen más porque ignoran qué deben hacer para "recibir" los beneficios. A decir verdad, sólo hay una cosa que debes hacer, y es esforzarte para obtener **fe.** La fe nos lleva a recibir estos beneficios reservados sólo para los que los buscan con gran anhelo.

La gracia es el regalo que, sin merecerlo, recibimos del Padre por la **obra** que Cristo realizó. Este regalo es favorable para suplir todas nuestras necesidades sin costo alguno, porque es un regalo. El favor es la gracia derramada sobre un hijo de Dios. Es vivir plenamente las promesas de Dios, tomarlas y recibir sus beneficios por puro amor. Así como también, el creer incondicionalmente es lo fundamental para alcanzar las promesas de Dios.

2. ¿Quién eres tú, oh gran monte?

En el capítulo 4 del profeta Zacarías, Zorobabel vuelve a ser visitado por el ángel. Éste se le aparece para darle más mensajes de parte de Dios. Zorobabel, como gobernador de Jerusalén y encargado de reedificar el templo sagrado en esa ciudad, estaba realizando un acto profético de un hecho que ocurriría en el futuro.

> "...Después de esto volveré y reedificaré el tabernáculo de David, que está caído; y repararé sus ruinas, y lo volveré a levantar, para que el resto de los hombres busque al Señor, Y todos los gentiles, sobre los cuales es invocado mi nombre..." Hechos 15:16-17

Cristo, en el sentido espiritual, vino a reedificar el Templo de Dios que es la Iglesia de hoy día. Y lo hace bajo la unción Apostólica que lo caracteriza. Los componentes de este gran edificio son los llamados hijos de Dios, y cada uno de ellos es un edificador escogido para ser partícipe de esta gran obra del reino celestial.

> "Pero vosotros, amados, edificándoos sobre vuestra santísima fe, orando en el Espíritu Santo..." Judas 1:20

Dios le habla a Zorobabel través del ángel trayéndole ánimo para que continuara con la labor de la reedificación.

El mensaje angelical viene con visiones, preguntas y respuestas *"¿Quién eres tú, oh gran monte? Delante de Zorobabel serás reducido a llanura; él sacará la primera piedra con aclamaciones de: Gracia, gracia a ella."* Zacarías 4:7

El monte representaba los obstáculos que le impedían a Zorobabel continuar el avance de la restauración. Para ti, el *gran monte* pueden ser deudas, problemas familiares sin resolver, enfermedades crónicas, entre otros. A través del mensaje del ángel, Dios le mostraría cómo las dos cosas que eran imposibles se tornarían en posibles, cómo el monte se reduciría en llanura y el verdadero monte de Sión (Jerusalén) sería, en un futuro, restablecida para gloria de las naciones. Esto sería posible por medio de:

- El Espíritu de Dios
- Su favor

¿Qué es lo que está impidiendo que tú avances en tu caminar con Dios? ¿Cuáles son los obstáculos, preocupaciones, malestares que se tienen que disipar delante de ti?

"Gracia, gracia a ella..." fue la declaración de Dios para la obra que estaba realizando Zorobabel. El templo sería reconstruido, los sacerdotes volverían a servir delante del Señor, el cántico sería restablecido; la presencia de Dios llenaría de nuevo el santuario santísimo y toda Jerusalén volvería a ser la cuidad del Gran Rey.

Dios ha escogido en estos tiempos a hombres y mujeres para reedificar la obra gloriosa dentro de su pueblo. El favor es lo que Dios hace por ti; produce que los obstáculos en tu vida sean derribados. Cuando tú reconoces que no es por tu fuerza ni habilidad natural y dependes totalmente del favor de Dios hacia tu vida, es ahí cuando te asombrarás al ver las puertas abiertas.

El Espíritu de Dios es la fuerza suprema, es el dedo de Dios en la creación, es el soplo de vida, es el viento que trae oxigeno y energía. El mensaje divino decía: *"No es con ejército... no es con estrategia humana, inteligencia humana es por mi Espíritu, dice el Señor."*

El favor y el poder del Espíritu de Dios son los dos elementos que, en esta hora, alcanzarán los logros más grandes nunca obtenidos. Aún hoy están disponibles para todos aquellos que, por la fe, los ponen en práctica.

"Ahora pues, hijo mío, Jehová esté contigo, y seas prosperado, y edifiques casa a Jehová tu Dios, como Él ha dicho de ti. Y Jehová te dé entendimiento y prudencia, para que cuando gobiernes a Israel, guardes la ley de Jehová tu Dios. Entonces serás prosperado, si cuidares de poner por obra los estatutos y decretos que Jehová mandó a Moisés para Israel. Esfuérzate, pues, y cobra ánimo; no temas, ni desmayes." 1 Crónicas 22:11-13

Busca este favor y no dejes de buscarlo hasta hallarlo. No corras a hacer las cosas sin esta gracia. Las puertas abiertas son un favor de Dios. Cuando ellas se abren debes entrar, avanzar y creer que hay más aún que se abrirán. En el momento que las montañas se interpongan, apela a la gracia y reclama la Palabra. Cree que por su Espíritu se podrán derribar.

Primero, Dios despierta el espíritu de zorobabel, y luego, el Señor le encarga que se esfuerce a trabajar en la obra. Hay un tiempo en que debemos esperar en Dios y otro en el cual se debe trabajar. Zacarías 4:6 revela que todo esfuerzo **en la voluntad** de Dios será prosperado.

Recuerda, Zorobabel fue el escogido para seguir edificando hacia arriba y terminar la obra. El templo de Dios que estaba quemado debía ser reedificado y el muro levantado; y así, el pueblo volvería habitar en la santa ciudad y alguien gobernaría para restaurarla.

Cuando se están reedificando los muros caídos, también se está levantando el **Espíritu de avivamiento.** Todo es una unidad trabajando juntamente con el Espíritu del restablecimiento de **todas las cosas**. Hay un clamor de parte del Espíritu Divino: *"Gracia, gracia a ella"*. **Hoy** Dios tiene **favor y gracia** para que cada reedificador continúe **la obra** hasta acabarla. El Reino de Dios sigue avanzando rueda sobre rueda.

Cuando tú hayas acabado la obra y Dios haya cumplido su plan en tu vida, se levantará una nueva generación y Dios se encargará de volver a levantar a otro Zorobabel.

Hoy tú tienes que ser un Zorobabel, un Josías o un Esdras dentro de tu generación; una persona que reedifique los muros caídos para restablecer lo nuevo y refrescante que viene de parte de Dios.

¿Quieres vivir bajo el favor de Dios? ¿Quieres edificar bajo su gracia? Entonces debes tener en cuenta los siguientes puntos:

- Reconoce que por ti mismo no puedes hacer nada.
- Deja que el poder del Espíritu de Dios actúe a través de ti.
- Ponte como un instrumento en Sus manos.
- Oye lo voz de Dios.
- Déjate usar por Él y ¡Levántate como un "Zorobabel" en esta generación!

3. Conociendo mis derechos

El conocer tus derechos como hijo de Dios te hace vivir agradecido todos los días de tu vida. La salvación es parte de estos beneficios y conlleva un número de favores que, como hijo de Dios, tienes que reclamar. Esto es tanto en lo físico como en lo espiritual.

En lo físico, te dice que Él tomó todas tus enfermedades en su cuerpo para que, por sus llagas, seas sanado. En lo emocional, te dice que dejes a sus pies toda carga y todo peso que agobia tu mente y que descanses en Él; pues Él tiene cuidado de Ti. Hecha sobre Él tu carga y el la llevará. *"Venid a mí todos los cansados y cargados y yo os haré descansar"*.

En lo espiritual, te dice que aquel que es justo para guardar tu cuerpo, alma y espíritu, lo preservará hasta el fin; para que seas guardado en su amor y presentado delante del Padre sin mancha, sin arruga y sin pecado ni condenación.

Muchos son los beneficios de la gracia de Dios. El conocimiento de su Palabra y ponerla por obra en fe, sin dudar, te conducirá a recibirlos todos. A medida que crezcas en su conocimiento, mayor será el favor y la gracia sobre tu vida.

Para saber y aceptar quién eres en Cristo, debes romper las "fortalezas y estructuras" hechas en tu mente. La fe es el puente que te llevará a recibir todas las grandes bendiciones que están a disposición para ti. Ser cristiano es adoptar la vida y el objetivo que tuvo Cristo. Él puso su decisión firme como un pedernal y no quitó la mirada de su meta. Él entregó su voluntad para obedecer al Padre y agradarle en todo.

Debes vencer toda negatividad que está batallando dentro de tu corazón para poder realizar la perfecta voluntad de Dios; y esto, por medio de entregar todo lo que eres, de la misma manera que Cristo lo hizo. Pues, Él tomó la decisión de seguir al Padre y glorificarle sólo a Él.

A veces, pudiste creer que no eras importante para Dios porque no le conocías a plenitud ni nunca habías tenido una verdadera relación con Él, pero el descubrir quién eres en Cristo, despierta en ti el deseo de buscarlo y conocerlo más. Todos deben pasar por estos primeros pasos:

1. Recibir a Cristo
2. Nacer de nuevo, es decir, cambiar el estilo de vida.

Recibir a Cristo en el corazón es creer en el sacrificio que Él hizo por ti y aceptar el perdón de tus pecados a través de su sangre. Al hacer esto, con lo primero que te encontrarás será con la **batalla de la duda** en tu propia mente.

Tienes que tener en cuenta lo siguiente:

a) ¿Dónde estás parado?
b) ¿Quién eres?
c) ¿Qué autoridad tienes?

A continuación, explicaremos con más detenimiento cada una de estas preguntas.

a) ¿Dónde estás parado?

Si haz recibido a Cristo, ahora estás parado sobre la roca, que es Él mismo, y haz **entrado** dentro del reino de la luz. Tus pies ya no caminarán por el camino de perversión, porque Jesucristo te sacó del poder de las tinieblas y te trasladó al reino de luz; ahora, tus pies caminan hacia la vida eterna, lo cual es la victoria segura en Cristo tu Salvador.

Es muy importante saber que ya no le sirves al pecado, porque la paga del pecado es la muerte, y Dios te ha librado del pecado y de la muerte para heredar vida en abundancia.

"... el cual nos ha librado de la potestad de las tinieblas, y trasladado al reino de su amado Hijo, en quien tenemos redención

> *por su sangre, el perdón de pecados."*
> *Colosenses 1:13-14*

Muchas personas dicen creer en Cristo, pero siguen pensando, hablando y actuando como esclavos; aún están prisioneros del pecado (vicios, adulterio, malos pensamientos, ira y más). Jesucristo, hablando con Nicodemo, se refirió a *"nacer de nuevo"* como al traslado definitivo y total del vientre de las tinieblas, que es el reino de Satanás, al reino de la luz, que es el reino de Dios. El reino de las tinieblas es como una bóveda oscura, como un gran vientre (similar al Seol, símbolo de donde cayó Jonás, dentro del vientre del gran pez). Por eso, Jesús dijo: *"te es necesario nacer de nuevo"*. Toda persona antes de aceptar a Cristo está dentro del reino de Satanás, mas cuando le cree a la Palabra de Dios y se compromete a obedecer a Cristo, hay un nuevo nacimiento. Se sale de las tinieblas donde estaba prisionero (como el bebé dentro del vientre) para salir a la luz y tener una vida nueva.

Si no hay ese traslado de la oscuridad a la luz, de prisión a libertad tanto de la mente como del yo, que es la voluntad propia de cada ser humano, no habrá nacimiento; quedando el ser espiritual atrapado en el vientre del pecado y de la muerte espiritual, sin poder salir a la luz que es "nacer de nuevo". Por eso, es muy importante **saber dónde estás ahora.**

Si has analizado dónde estás, tienes que saber quién eres. Todo hombre que prueba la gracia salvadora de Dios, es hecho una nueva criatura en cristo Jesús.

Ese es el nombre correcto que necesitábamos encontrar, "**Nueva Criatura**". Esta es la señal palpable y certera. Todo aquel que conoce la gracia y entra por la puerta de ella se torna en una Nueva Criatura, las cosas viejas pasaron y he aquí te conviertes, desde ese mismo momento, en una **persona nueva**. Es decir, con un nuevo pensar, un nuevo vivir, un nuevo desear. Al llegar a este punto, ya no se desea la vida pasada de desobediencia, porque el Espíritu que mora dentro nosotros nos anhela celosamente (Santiago 4:5).

Cuando una persona tiene una vida nueva en Dios, la simiente que estaba dentro de ella, que era la semilla de la Palabra, llegado el tiempo, da a luz una nueva criatura, nacida de Dios y de la simiente incorruptible.

b) ¿Quién eres?

Si eres hijo de Dios quiere decir que Él te ha hecho libre del reino de la oscuridad, por esa causa, el pecado ya no tiene poder sobre ti. Al ser hijo de Dios lo eres juntamente con todos los beneficios que eso conlleva.

c) ¿Qué autoridad tienes?

Dios ha prometido bendecir a todos sus hijos, y darles poder y autoridad. Mientras camines en esta tierra de la mano de Jesucristo, vencerás todas las obras del mal. Toda autoridad le fue dada al hijo de Dios, y Él, a su vez, le ha dado esta autoridad a su Iglesia. Por consiguiente, al nacer de nuevo, te ha hecho parte de su cuerpo que es la Iglesia; y esto te con vierte en una persona revestida de poder y autoridad.

Capítulo IV

La Gracia de Dios Produce que Aborrezcamos el Pecado

1. Vivir bajo el favor de Dios evita pecar

El Evangelio de la gracia de Dios nos lleva al Cristo crucificado, y Cristo a la santidad verdadera. Esta gracia inmerecida lleva al hombre a recordar que la obra que hizo Jesús es la única SALVACIÓN que tiene poder sobre el PECADO. ¡Aleluya!

Cuando el evangelio le es predicado al hombre más aborrecido por la sociedad (caído en la más baja condición, por su propio pecado), no solamente se le está diciendo que puede ser libre del infierno para tener una amplia entrada al cielo, sino que se le muestran los beneficios que puede recibir. Se le anuncia que a través de la gracia se mueve el amor de Dios, y este amor lo puede liberar totalmente de la acción de pecar, lo rescata del hábito (por el cual está atado al hecho de hacerlo) y lo hace libre totalmente del deseo pecaminoso.

"Porque el pecado no se enseñoreará de vosotros; pues no estáis bajo la ley, sino bajo

la gracia. ¿Qué, pues? ¿Pecaremos, porque no estamos bajo la ley, sino bajo la gracia? En ninguna manera." Romanos 6:14,15

Dios, por Su misericordia, está dispuesto a liberar de la esclavitud del pecado a todo aquel que cree en "la gracia", y convertirlo en nueva criatura. Y más aún, Él permite que esta persona pierda todo amor hacia el pecado y lo aborrezca.

"Todo aquel que permanece en Él, no peca; todo aquel que peca, no le ha visto, ni le ha conocido." 1 Juan 3:6

De ahí viene la ley del pecado, porque éste ya no se puede enseñorear más sobre los redimidos. Los rescatados de su mala manera de vivir entran al reino de la luz. En este reino, el pecado no prevalece ni se enseñorea más del alma, porque el alma es libre de condenación.

Si el poder del pecado era la ley, y el aguijón de la muerte el pecado (1 Corintios 15:56), damos gracias a Dios que, por la gracia, nos hace libres de la condenación de la ley. Y si somos libres por la gracia, también somos vencedores del aguijón del pecado que culmina en muerte. Al ser salvos, por gracia, vencemos la muerte espiritual.

> *"El que practica el pecado es del diablo; porque el diablo peca desde el principio. Para esto apareció el Hijo de Dios, para deshacer las obras del diablo."* 1 Juan 3:8

Al nacer de nuevo, ya no eres más esclavo del pecado, porque Cristo vino a deshacer esas obras que operaban dentro de ti para que no fueras más esclavo, sino **"hijo de libertad"**. Pues, a libertad fuisteis llamados dice Dios.

> *"Todo aquel que es nacido de Dios, no practica el pecado, porque la simiente de Dios permanece en él; y no puede pecar, porque es nacido de Dios."* 1 Juan 3:9

> *"En esto se manifiestan los hijos de Dios, y los hijos del diablo: todo aquel que no hace justicia, y que no ama a su hermano, no es de Dios. Porque este es el mensaje que habéis oído desde el principio: que nos amemos unos a otros."* 1 Juan 3:10, 11

2. Dentro del gran favor está la justificación de Dios.

> *"Siendo justificados gratuitamente por su gracia, mediante la redención que es en Cristo Jesús..."* Romanos 3:24

En este texto, lo primero que encontramos es la redención de Cristo Jesús; en segundo lugar, la justificación de los pecadores que fluye de esa redención; y luego, en tercer lugar, la manera de dar esta justificación: "gratuitamente por su gracia."

En relación a este rescate, tenemos que observar que todo fue pagado en su totalidad. Cuando Cristo redimió a su pueblo, lo hizo por completo; no dejó ni una sola deuda para pagar después.

Esto te enseña que el sacrificio del Calvario no fue un pago parcial, sino que fue un pago absoluto y perfecto. Él obtuvo una remisión de las deudas de todos los creyentes que han vivido, que viven o que vivirán hasta el fin de los tiempos.

Él nunca habría tenido ese triunfo si no hubiera pagado la deuda en su totalidad. A menos que su Padre hubiera aceptado el precio del rescate, el rescatador nunca hubiera sido honrado de tal manera; pero debido a que fue aceptado, por eso Él triunfó así.

¿Cuál es el significado de justificación?

Explicaremos la justificación de manera sencilla y simple, para poder comprenderla mejor.

No hay tal cosa como una justificación que pueda ser obtenida en la tierra por los hombres, excepto, demostrando ser alguien justo. La justificación es un término forense; siempre es empleado en un sentido legal. Un prisionero es traído al tribunal de justicia para ser juzgado, y sólo hay una forma en que ese prisionero puede ser justificado, esto es, **no encontrándolo culpable**. Si no es encontrado culpable, entonces **es justificado**, es decir, se ha demostrado que es un hombre justo.

Si ese hombre es **encontrado culpable**, no puede ser justificado. El juez puede perdonarlo, pero éste no le puede justificar; sus hechos no son defendibles. Puede ser perdonado, pero jamás, ni la corte misma podrá cambiar su mal proceder. Es tan criminal cuando es perdonado como lo era antes de serlo. No hay ningún medio entre los hombres de justificar a un hombre de una acusación que es levantada en su contra, excepto, cuando se demuestra que no es culpable.

Ahora, la maravilla de maravillas es que se ha demostrado que, aunque todos somos culpables, sin embargo, **somos justificados**: se ha leído el veredicto en contra del inculpado diciendo: es condenado; y sin embargo, a pesar de ello, **somos justificados**.

¿Puede algún tribunal terrenal hacer eso? No.

La redención de Cristo logró justificar a todo culpable que se arrepienta de su mal proceder, cosa que es una imposibilidad para cualquier tribunal de la tierra. Todos éramos culpables. El texto dice: *"por cuanto todos pecaron, y están destituidos de la gloria de Dios..."* Allí es presentado el veredicto de culpables, y sin embargo, inmediatamente después, dice: *"somos justificados gratuitamente por su gracia."*

¿Cómo justifica Dios al pecador?

Jesús mismo se puso en el lugar del condenado. Él tomó el castigo y lo sufrió, siendo hallado culpable y escogiendo morir **en lugar** de ti y de mí. Al tomar Cristo nuestro lugar, nos justificó delante del Padre.

¿Hemos sido hallados culpables? Sí, pero Él, en su gracia, nos justificó como hombres tomando nuestro lugar de pecadores.

Dios no ignoró el castigo, el castigo fue cumplido por completo. Fue colocado en otra persona en el lugar del condenado. El pecador debería morir, pero Cristo dice: "*Yo seré el sustituto del pecador. El rebelde tomará mi lugar y Yo tomaré el suyo.*" El Padre aceptó la ofrenda de su hijo. En su infinita misericordia, dio su aprobación a dicho arreglo. "Hijo de mi amor", dijo, "debes colocarte en el lugar del pecador; debes sufrir lo que a él le corresponde sufrir; debes ser considerado culpable y muerto en la cruz. Desde ese momento, miraré al pecador bajo tu sangre. Lo veré como si fueras tú; y lo aceptaré como mi hijo, porque tú fuiste ejemplo y tomaste su lugar. Le daré una corona y lo llevaré a mi presencia en el cielo, por tu sacrificio, y no dejaré jamás que nadie te quite la gloria que te mereces, porque te he dado un Nombre sobre todo Nombre, y te he dado autoridad sobre toda autoridad; Tú eres mi hijo amado, y el mundo lo sabrá"

¿Quieres volverte atrás en tu caminar con Cristo? ¿Deseas más las vanidades pasajeras del mundo y sus deseos presuntuosos, o quieres la gloria imperecedera al lado del Padre y del Hijo, el todopoderoso Dios? El precio que Jesús pagó por ti fue demasiado caro para que lo desprecies.

Esta es la **única forma** en que eres salvo: siendo justificado, gratuitamente, por su gracia, mediante la redención que es en Cristo Jesús. Maravilloso don de Dios dado a los hombres "Jesucristo, el regalo de Dios para ti".

Capítulo V

¿Quién soy en Cristo?

El favor de Dios nos da una amplia gama de virtudes y gracia inmerecida. Al conocerla y creerla nos hace ser sabios y entendidos con respecto a los derechos que tenemos como hijos de Dios.

La gracia encierra beneficios que el cristiano obtiene por Cristo. Cada uno de estos se recibe por la obediencia y la fe en Él; cree y aprópiate de ellos, háblalos en voz alta para que, día a día, tu relación con Dios crezca; para que tu vida cristiana sea efectiva y fructífera para la gloria de Dios.

1 Soy Escogido en Amor

"Según nos escogió en Él antes de la fundación del mundo, para que fuésemos santos y sin mancha delante de Él, en amor..." Efesios 1:4, 5

No hay un mayor privilegio que poder ser escogido por Dios para esta salvación tan grande. Creo, firmemente, que debemos ser conscientes de este llamado tan sublime. La palabra de Dios dice: *"muchos son los llamados y pocos los escogidos"*. Esto denota que los llamados por Dios conocen su voz y entienden que han sido llamados. Si eres consciente de que *"has sido escogido"*, debes andar con toda dignidad delante de Él, conforme a este llamado. La doctrina de la elección es resaltada a través de todas las sagradas escrituras. Vemos este llamado en Abraham, en Jacob, en José, en Jeremías y otros; la lista es demasiado extensa como para detenernos en ella.

La raíz griega de la palabra *escogido*, indica que no solamente Dios nos escogió por sí mismo, sino para Él mismo y para la alabanza de su propia gloria.

"...en amor habiéndonos predestinado para ser adoptados hijos suyos por medio de Jesucristo, según el puro afecto de su voluntad, para alabanza de la gloria de su gracia, con la cual nos hizo aceptos en el Amado..." Efesios 1:5, 6

La elección de Dios no anula ni opera aparte de la responsabilidad del hombre para creer en Jesús como su Señor y Salvador personal, sino que es a través de la voluntad soberana e independiente de Dios, ejercida antes de la creación del mundo, que aquellos que son salvos alcanzan la unidad eterna con Cristo; aparte de todo merito y toda influencia humana. La relación de salvación llegó a existir por iniciativa directa de Dios al decretar que existiera por adelantado.

O sea, en otras palabras, los cristianos son escogidos para salvación de antemano por la omnisciencia de Dios, así como Cristo fue ordenado desde antes de la fundación del mundo para ser sacrificado por los pecados del mundo.

Cuando se habla de la palabra escogido en el libro de Efesios 1:4, significa una elección hecha por Dios, tiene que ver con "*elegir antes*". Lo cual está directamente relacionado con una elección de pura gracia. En el Antiguo Testamento, se aplicó a la nación de Israel para poder indicar que Dios en su soberanía la escogió entre todas las naciones del mundo para que creyeran en Él y le pertenecieran de una forma exclusiva.

Dios, de forma milagrosa, otorga su propia naturaleza a quienes ha elegido y que han confiado en su hijo Jesucristo. EL Padre Eterno los convierte en hijos suyos a la imagen de su hijo, y no sólo les concede las riquezas y bendiciones por medio del mismo, sino, además, su misma naturaleza.

Las palabras santos y sin mancha (también mencionadas en Efesios 1:4) delante de Él, describen tanto un propósito como un resultado de la elección divina de los que habrán de ser salvos. Los injustos son declarados justos, los pecadores (indignos de alcanzar el don de Dios) son declarados dignos de ser perdonados y experimentar la salvación; todo esto, porque han sido escogidos en Cristo.

Sólo la justicia de Jesucristo es perfecta y pone a todo creyente en Cristo en una posición santa y libre de condenación y culpa ante Dios mismo. Esta verdad produce, en cada creyente, el deseo de vivir más intensamente en su presencia cada día; anhelando su santidad.

Una de las otras razones para ser escogido en Dios, es que esta salvación sea para la gloria de Dios. Pablo enfatiza diciendo: *"con la cual nos hizo aceptos en el Amado"*, esto se refiere a la gracia divina que manifiesta amor y favor inmerecidos, que han hecho posible que los creyentes sean aceptados por Dios mediante la muerte sustitutiva y la justicia alcanzada por Jesucristo. Si los creyentes son aceptados en Cristo, ellos como Él **son los amados del Padre.**

Los siguientes son los propósitos del llamado:

- Ser separado para su Gloria
- Ser santo como Él es santo (significa sin que el pecado se enseñoree).
- Sin mancha (por su gran amor que nos llamó y nos escogió, este es suficiente para honrarlo el resto de la vida; viviendo sin mancha delante de Él por amor, porque Él nos amo primero).

2 Soy de Dios

En este capítulo, analizaremos muchas de las ventajas y bendiciones para la edificación de nuestra fe.

*"Sabemos que **somos de Dios**, y el mundo entero está bajo el maligno. Pero sabemos*

*que el Hijo de Dios ha venido, y nos ha dado entendimiento para conocer al que es verdadero; y **estamos en el verdadero**, en su Hijo Jesucristo. Este es el verdadero Dios, y la vida eterna."* 1 Juan 5:19-20

Cuando realmente se está convencido de la salvación, el Espíritu Santo pone la certeza dentro de nuestro corazón de que uno es de Dios. Esto es que le pertenecemos a Él, y ahora, no tomamos nuestras propias decisiones, sino que Cristo es el dueño absoluto, el Señor de nuestra vida.

Como hijos de Dios, nacidos de nuevo, tenemos que comprender que nuestra vida no sólo le pertenece a Él, sino que se la hemos entregado para que **Él sea el Señor de ella.**

Todo lo que eres y haces, lo haces por Él y para Él. Cuando crees en esto y te apropias de esta verdad, **el pecado no puede reinar en ti** ni tiene más cabida en tu corazón. Cuando sabes que le perteneces a Él, tú no tomas las decisiones, sino que le preguntas a Él: ¿qué quieres que haga?

Muchas son las ventajas del cristiano por **ser de Dios:**

- **Vence al espíritu del mundo y al espíritu del anticristo.**

    "Vosotros sois de Dios, y los habéis vencido; porque mayor es el que está en vosotros, que el que está en el mundo". Al pertenecer a Cristo tienes la garantía de obtener la victoria. El que está dentro de ti (Jesucristo, tu Rey, que mora dentro de tu corazón) es mayor que el espíritu del mundo (que está fuera de ti), que opera bajo el espíritu del anticristo.

- **Los que conocen al mismo Dios nos oyen.**

    *"Nosotros **somos de Dios;** el que conoce a Dios, nos oye; el que no es de Dios, no nos oye. En esto conocemos el espíritu de verdad y el espíritu de error."* 1 Juan 4:6

- **Nosotros somos como Cristo en este mundo, no tenemos temor del día del juicio; porque ésta es nuestra confianza, que somos como Él es.**

    *"En esto se ha perfeccionado el amor en nosotros, para que tengamos confianza en el día del juicio; pues **como Él es, así somos nosotros** en este mundo."*
    1 Juan 4:17

"Porque somos hechos participantes de Cristo, con tal que retengamos firme hasta el fin nuestra confianza del principio…"
Hebreos 3:14

3 Soy Nueva Criatura

2 Corintios 5:17 nos declara que:

"…si alguno está en Cristo, nueva criatura es; las cosas viejas pasaron; he aquí todas son hechas nuevas."

Dios ha prometido, por su Palabra, que si estás en Cristo eres una nueva criatura; esto significa que eres realmente el efecto de un milagro, el acto de una nueva creación.

Sin embargo, el ser una nueva creación no quita que, por desconocer la profundidad de la revelación de la palabra y no verse como Dios lo está viendo, muchos se dejen robar gran parte de las bendiciones que poseen al formar parte de los hijos de Dios.

A veces, las personas ven las cosas como las circunstancias se las hacen ver. Por tal motivo, es importante que sepas que al ser nueva criatura, ya no eres lo que eras, ahora tienes una nueva identidad dentro de la familia celestial. Al tener una nueva identidad, también tienes un estado de dignidad; si estás identificado por lo que eres a través de Cristo, tienes seguridad de quién eres.

La dignidad te hace entender que eres una persona con privilegios especiales en Cristo. Ciertamente, lo que eres en Cristo es porque, ahora, las cosas viejas pasaron y todas son hechas nuevas.

Dice la Palabra que el que robaba, no roba más; el que mentía, no miente más; el que fornicaba, no lo hace más; el que se embriagaba, no lo hace más; porque al ser nueva creación, lo negativo que hacia antes, ya no tiene dominio sobre la vida nueva.

El ser nueva criatura es el milagro del nuevo nacimiento. Cristo lo compartió con Nicodemo, hombre especializado en la ley de YHVH. El misterio del segundo nacimiento es gracias al Espíritu de Dios, y se logra cuando la persona ha sido concebida también por el Espíritu Santo. En eso vemos la obra de Dios, al llamarte y engendrarte por su Espíritu para que llegues a ser "hijo de Dios".

El poder nacer físicamente se debe a un proceso natural. Primeramente, debes ser fecundado, desarrollado y, al pasar el tiempo, dado a luz (lo que se ha entretejido por nueve meses en el vientre de una madre). Así Dios te ha llamado, pero quiere que seas escogido para que nazcas en el reino siendo una nueva criatura. Este proceso es espiritual y en todo vemos la gracia y la voluntad perfecta de Dios hacia los escogidos.

Cuando Jesús habló acerca del nuevo nacimiento, lo que Él quiso decir, literalmente, es nacido de lo alto, lo cual significa que este nacimiento es un acto de Dios por el cual la vida eterna es impartida al nuevo creyente.

Nacer también tiene que ver con ser hechos hijos de Dios mediante la confianza en el verbo, Jesucristo mismo quien se hizo carne.

4 Soy Hecho a Su Imagen

*"Y creó Dios al hombre a su imagen, a **imagen de Dios** lo creó; varón y hembra los creó." Génesis 1:27*

Dios hizo a Adán (varón) a su imagen y semejanza. La palabra imagen, en griego, es /eikon/, que incluye la representación y la manifestación, y la palabra semejanza, en hebreo, es /demut/, que denota figura, forma, molde, diseño, patrón, réplica.

Toda la raza humana adquirió la imagen caída de Adán, ahora bien, Cristo se hizo hombre para tomar la imagen del hombre caído y restituirla a la primera imagen, a la original de Adán antes que la trasgresión se hiciera un hecho.

Al venir el segundo Adán que es Cristo, el Padre se complace en devolver la imagen de su hijo al hombre, que fue la original dentro de su plan divino. Estos son los escogidos que han sido llamados a ser parte de la iglesia del Señor.

*"Porque a los que antes conoció, también los predestinó para que fuesen hechos conformes **a la imagen** de su Hijo, para que Él sea el primogénito entre muchos hermanos."Romanos 8:29*

Esta verdad nos da aliento, y es que por Cristo y el hecho de que se hizo hombre, ahora podemos gozar el privilegio de llevar su imagen. Primeramente, porque Dios hizo al hombre a su imagen y, segundo, porque el carácter y personalidad de Cristo, el segundo Adán, nos devuelve la imagen que estaba distorsionada a la original. Pablo decía que llevaba las marcas de Cristo en su cuerpo; y también decía: *"Sed imitadores de mí, así como yo de Cristo"*. Tienes que sentirte diferente cuando sabes que ya no llevas más la imagen del terrenal, sino que, ahora, tienes el honor de llevar la imagen divina en ti.

- Llevas su mismo caminar
- Tienes su mismo amor
- Miras con su misma compasión
- Posees su misma pasión.

*"No mintáis los unos a los otros, habiéndoos despojado del viejo hombre con sus hechos, y revestido del nuevo, el cual conforme **a la imagen** del que lo creó se va renovando hasta el conocimiento pleno..."*
Colosenses 3:9, 10

¡Qué privilegio más grande es ser renovado día tras día conforme a su imagen! Tendremos esta bendición de ser como Él es; transformado en gloria.

*"Y así como hemos traído **la imagen** del terrenal, traeremos también la imagen del celestial."* 1 Corintios 15:49

Ahora estamos cambiando el viejo hombre para el nuevo hombre vivificado en Cristo; y el cuerpo terrenal también será trasformado, tomando forma del cuerpo glorificado de Cristo. Ésta es una promesa maravillosa. Nuestra imagen física será transformada como la del cuerpo glorificado de Jesús después de su resurrección.

5 Soy Hijo de la Promesa

*"Así que, hermanos, nosotros, como Isaac, **somos hijos de la promesa.** Pero como entonces el que había nacido según la carne perseguía al que había nacido según el Espíritu, así también ahora. Más ¿qué dice la Escritura? Echa fuera a la esclava y a su hijo, porque no heredará el hijo de la esclava con el hijo de la libre. De manera, hermanos, que no somos hijos de la esclava, sino de la libre."* Gálatas 4:28

El libro de Gálatas hace una alegoría entre hijo y esclavo, ya que para entender la herencia que los hijos de la promesa reciben, debemos entender la diferencia entre hijo y esclavo de esa época.

Ser hijos de la promesa nos da el derecho de pertenecer a aquellos que van a heredar la herencia del Padre. Muy distinto a los "esclavos" (los que no han nacido de nuevo), que no tienen parte en la herencia. En la antigüedad, estaban, pues, los hijos legítimos, los adoptados y los esclavos nacidos en la casa. Los hijos legítimos y los adoptados recibían la herencia que el padre de la casa determinaba. El hijo mayor o primogénito recibía el doble de la herencia. Por ejemplo, tenemos a Cristo como el primogénito del Padre Celestial. Entonces, Jesús, como el hijo mayor, recibió más porción de unción. Pero cada lavado en la sangre y nacido de nuevo, recibe el derecho de tener la herencia. No así los esclavos.

Nosotros antes éramos esclavos del pecado, ajenos a la familia de Dios; sin embargo, Cristo, en su amor, nos adoptó para ser partícipes de sus bendiciones. Tenemos que saber lo que significa un esclavo para poder entender que, siendo nosotros esclavos del pecado, Cristo nos hizo libres.

La palabra esclavo proviene de la raíz griega /doulos/, que significa: estar en cautiverio, uno en condición de servidumbre, devoto a otro sin atender los propios intereses.

La esclavitud data de la más remota antigüedad. Existían diferentes maneras de adquirir esclavos:

- Haciéndolos prisioneros en las guerras
- Comprándolos a un marchante
- Por nacimiento en la casa del dueño
- Por el sistema de compensación
- Por haber robado
- Por deber algo a alguien

Según la historia, en Roma y Grecia eran más los esclavos que los hombres libres, y en Egipto y Babilonia era muy común la esclavitud. El cristianismo evadió cambios acerca del uso de la esclavitud, debido a que, por la gracia salvadora de Dios, el hombre ha sido libre de la esclavitud tanto física como espiritual. ¡Gloria sea a Dios que ahora podemos declarar que somos hijos de la promesa! La persona que sabe, entiende y cree que los hijos reciben la herencia del Padre, goza de todos sus beneficios. ¡Somos hijos de Dios por la fe y no hijos de esclavitud!, ¡a Él sea toda la gloria y honra, pues, es por su gracia que recibimos esta promesa!

6 Soy Miembro del Cuerpo de Cristo

Pablo explica de una forma clara y sencilla qué es ser miembro del cuerpo de Cristo: en un cuerpo hay muchos miembros, pero todos conforman un solo cuerpo.

"Porque así como el cuerpo es uno, y tiene muchos miembros, pero todos los miembros del cuerpo, siendo muchos, son un solo cuerpo, así también Cristo." 1 Corintios 12:12

Ser miembro del cuerpo de Cristo es algo maravilloso y un privilegio sublime. No importa la función en sí, sino lo importante es que cada persona que recibe a Jesús en su corazón pertenece y es parte del mismo. A unos se les ha dado el privilegio de ser ojo para ver espiritualmente, a otros de ser boca para hablar de parte de Dios; a otros, de ser su dedo pequeño, en fin, cada uno es parte y cumple una función diferente. Consideremos la función del riñón y el hígado, que limpian y filtran. Asimismo, los que ministran con autoridad se les ha dado la responsabilidad de filtrar todo lo extraño que entra al "cuerpo" para expulsarlo. Dios es el que capacita para cada trabajo en su obra, por lo que cada miembro de la Iglesia ha sido diseñado y se le ha dado por anticipado un don. Al pertenecer al cuerpo de Cristo, Dios, por anticipado, te ha dado la misión que vas a desempeñar dentro del mismo.

> *"Porque los que en nosotros son más decorosos, no tienen necesidad; pero Dios ordenó el cuerpo, dando más abundante honor al que le faltaba, para que no haya desavenencia en el cuerpo, sino que los miembros todos se preocupen los unos por los otros. De manera que si un miembro padece, todos los miembros se duelen con él, y si un miembro recibe honra, todos los miembros con él se gozan."*
> 1 Corintios 12: 24-26

Cuando se analizan estos versos de Corintios se refleja abiertamente que el Señor no hace discriminación de personas. Es clara la lección que Dios ve a cada uno de los miembros útiles, aun aquellos que parecen tener labores sencillas. Esto refleja la importancia del respeto mutuo y unidad entre ellos. Esta lección te revela que, sea quien sea que tenga una posición como miembro del cuerpo de Cristo, todos son esenciales y nadie se debe sentir inferior, porque cada uno está desarrollando la función que le fue otorgada. No importa el puesto que estés desempeñando en el cuerpo de Cristo, lo importante es que seas parte de Él.

7 Soy Hechura Suya

La palabra **hechura** viene de la raíz original griega /*poiema*/, que significa aquello que es hecho. Y la palabra **hecho**, proviene del griego /*ergnon*/, que denota "*obra, hecho, acto*". Esto significa que somos obra de sus manos, hechos por Él. Nos identifica completamente con su cuerpo, su imagen, su talla, su carácter y su personalidad.

Pablo expresa la razón de esta creación tan gloriosa que se llama hombre diciendo que fuimos creados para buenas obras.

> "*Porque somos hechura suya, creados en Cristo Jesús **para buenas obras**, las cuales Dios preparó de antemano para que anduviésemos en ellas.*" Efesios 2:10

Estas buenas obras describen que no fuimos creados para caer bajo la degradación física o espiritual. Por tanto, tú fuiste constituido como obra buena hecha por las manos del creador. Cuando Dios /Elohim/ creó el universo con todas las galaxias juntamente con la tierra y con todo lo que en ella hay, dice en el libro de Génesis 1:4; 1:31 lo siguiente:

> "Y vio Dios que la luz **era buena**". Y al finalizar toda su obra creativa denota nuevamente: "Y vio Dios todo lo que había hecho, y he aquí que era bueno en gran manera."

Hechura y buena obra van juntas en la creación divina, y tú estabas incluido en ella. A todos los llamados a salvación les siguen las obras buenas, no malas.

Las obras buenas no pueden producir salvación, pero son su resultado y **constituyen frutos y evidencias de ella**. Estas son producidas en el poder de Dios, las cuales Él mismo preparó de antemano, al igual que la salvación y la santificación del creyente.

El propósito de Dios para ti es que seas hecho semejante a Jesucristo. A todos aquellos a quienes Dios escoge, les da este destino glorioso. Reconociendo que Jesucristo, el hermano mayor, es el que más sobresale de entre aquellos que se han convertido en hermanos. Todo lo bueno es opuesto a lo malo, el pecado a la santidad, la luz de lo oscuro, la verdad de la mentira, lo puro de lo obsceno. Todos los llamados son obra y **"hechura suya"** para vivir bajo la luz, sin mancha ni pecado.

¡Recuérdalo Siempre! Fuiste creado y llamado para que en ti se manifiesten las obras buenas de Dios. ¡Aleluya!

8 Soy Soldado de Cristo

"Tú, pues, sufre penalidades como **buen soldado** *de Jesucristo. Ninguno que milita se enreda en los negocios de la vida, a fin de agradar a aquel que lo tomó por soldado."* 2 Timoteo 2:3, 4

Si eres llamado soldado, es porque hay un ejército y una batalla que ganar. Es un privilegio estar enrolado en el ejército Divino; hay muchas ventajas de serlo y una es que siempre este ejercito será el vencedor.

Al Jesucristo ser el Señor comandante en jefe y capitán de las huestes celestiales, te da la garantía de obtener la victoria y honra. El que pelea honradamente recibirá grande recompensa y un lugar de honra en su mesa delante de su presencia. Si Pablo habló de un *"buen soldado"*, esto indica que puede haber un mal soldado. Estos son aquellos que no son honestos y desertan en el más mínimo intento por pelear. Otros miran hacia tras volviéndose del camino de la fe.

Cuando estamos comprometidos en este ejército, tenemos que militar teniendo los ojos puestos en Él, agradándole en todo. Como buen soldado tienes que pelear la buena batalla de la fe y tomar dominio de la carne; sabiendo que el que llama también capacita y da las armas correspondientes para ser un participante de la victoria. Usa las armas que el Señor te ha dado por la fe:

- La Palabra
- La oración y el ayuno
- La sangre de Cristo
- El buen testimonio

Todo soldado recibe honores, y el buen soldado recibe más honores, entonces, pelea la batalla contra la carne y recibirás la corona de la vida eterna.

*"...**Pelearán contra ti, pero no te vencerán**; porque yo estoy contigo para guardarte y para defenderte, dice Jehová. Y te libraré de la mano de los malos, y te redimiré de la mano de los fuertes." Jeremías 15:20, 21*

9 Soy Consolado por el Espíritu Santo

"...el cual nos consuela en todas nuestras tribulaciones, para que podamos también nosotros consolar a los que están en cualquier tribulación, por medio de la consolación con que nosotros somos consolados por Dios."
2 Corintios 1:4

El consuelo de Dios para los creyentes se extiende en la medida de sus promesas. Su propósito es que los creyentes también puedan consolar a otros. Por ejemplo, Dios usó a Pablo para que volviera a Corinto con un mensaje fortalecedor y confortador, porque él mismo había recibido la fortaleza divina. Por lo que nosotros también podemos ser consolados para luego consolar y fortalecer, y esto, nos capacitará en perseverar con fidelidad y confianza en Dios.

"Bendito sea el Dios y Padre de nuestro Señor Jesucristo, Padre de misericordia y Dios de toda consolación..." 2 Corintios 1:3

El Dios de toda consolación es una descripción de Dios en el Antiguo Testamento como la fuente última de todo acto verdadero de consolar. La palabra griega que se traduce para consolación, se relaciona con el término familiar de /paracleto/, que significa aquel que se pone al lado para ayudar, y que es otro nombre aplicado al Espíritu Santo.

Consolación denota con frecuencia holgura y, en otros contextos, se traduce como comodidad, pero ese no es el significado aquí, lo que el Apóstol Pablo está diciendo es que en medio del sufrimiento o la prueba, Dios vino a él para fortalecerlo e impartir valor y denuedo.

Todo hijo de Dios tiene la bendición de tener al Espíritu Santo disponible en todo momento. Él es el consolador Divino por excelencia, y siempre está para ayudar al hombre reconciliado con el Padre en cualquier dificultad que se le presente en la vida. Él es una persona y conoce lo más profundo del corazón del hombre. Una de las funciones más preciosas del Espíritu Santo es la ayuda que le otorga al corazón triste y angustiado. La palabra de Dios dice: "*Clama a mí y yo te responderé.*" Cada cristiano tiene este privilegio.

¡Aprovecha las bendiciones de tener al Espíritu Santo como consolador cada día de tu vida!

¿En qué situaciones puedes contar con Él?

- En tristeza
- En todo estado de soledad
- En angustias y desesperación
- En la pérdida de un ser querido

El Espíritu de Dios es el Consuelo de Amor (Filipenses 2:1) dado a través de Jesucristo. ¡No lo desaproveches!

10 Soy Amado

*"En esto consiste el amor: no que nosotros hayamos amado á Dios, sino que él **nos amó***

> *a nosotros, y envió a su Hijo en propiciación por nuestros pecados." 1 Juan 4:10*

No hay un privilegio más grande que el de ser amado por Dios. Como lo mencionamos anteriormente, la palabra amor, en griego, es /ágape/ y se usa para expresar la actitud de Dios hacia sus hijos y para expresar la naturaleza esencial de Dios.

El Padre expresó su amor dando a su hijo para que pagara en la cruz el pecado de la humanidad, este acto expresa su naturaleza que es amor.

Ya en los capítulos anteriores hemos hablado de la gracia, la misericordia y el amor, que son las expresiones de Dios hacia la raza humana. Tú eres amado, si no, nunca hubieras sido hijo de Dios y ser quien tú eres en Cristo; es por puro amor que te haces merecedor de toda bendición. El que ama sufre, es fiel en las heridas, guarda secretos y es leal. De la misma manera que Él te ama, ámale tú a Él.

> *"...para que habite Cristo por la fe en vuestros corazones, a fin de que, arraigados y cimentados en amor, seáis plenamente capaces de comprender con todos los santos cuál sea la anchura, la longitud, la*

profundidad y la altura, y de conocer el amor de Cristo, que excede a todo conocimiento, para que seáis llenos de toda la plenitud de Dios." Efesios 3:17-19

11 Soy Amigo de Cristo

Amigo es una designación todavía superior de siervo, y se debe a una fidelidad mayor.

"...amigo hay más unido que un hermano." Proverbio 18:24

Un buen amigo es más leal que un hermano. Amigo es una palabra que significa uno que ama. En la Biblia, tenemos como ejemplo a Abraham, el amigo de Dios. Así como Abraham fue llamado el amigo de Dios, asimismo todos los que siguen a Cristo tienen el mismo privilegio de conocerlo y recibir la revelación extraordinaria de su amistad y de Él como persona. Jesús dio su vida por sus amigos.

*"Vosotros sois **mis amigos**, si **hiciereis las cosas que yo os mando.** Ya no os llamaré siervos, porque el siervo no sabe lo que hace su señor: pero os he llamado amigos, porque*

todas las cosas que oí de mi Padre, os las he dado a conocer." Juan 15:14-15

Ser amigo de Jesús denota que conoces sus cosas más íntimas y sus deseos; dialogas y Él confía en ti de la misma manera que tú le crees a Él. Jesús quiere ser tu mejor amigo.

12 Soy Bendecido

*"**Bendito** sea el Dios y Padre de nuestro Señor Jesucristo, que nos bendijo con toda bendición espiritual en los lugares celestiales en Cristo." Efesios 1:3*

Las palabras bendito, bendición, bendecir, se derivan de la palabra griega /eulogeo/, que significa: **alabar o elogiar, hablar bien de.**

Dios nos bendijo con toda bendición espiritual en su gracia providencial. Sin embargo, espiritual no se refiere a bendiciones eternas en oposición a las bendiciones materiales, sino más bien a la obra de Dios, quien es la fuente divina y espiritual de todas las bendiciones existentes. Él ya ha dado a los creyentes una bendición total.

Cuando se dice que "nos bendijo con toda bendición espiritual", se refiere, claramente, al campo del dominio completo de Dios desde donde procede toda su gracia y amor para el perdido. Pero, también, hay bendiciones específicas de Dios que sólo le pertenecen a quienes son hijos. Lo cual incluye su justicia, su privilegio, su posición y su autoridad delegada.

El Padre Celestial nos bendijo en Cristo. Todo lo que somos delante de Dios Padre se lo debemos a su misericordia a través de su hijo amado. No hay ningún beneficio que podamos recibir que no esté canalizado en Cristo. En Él, estamos llenos de abundancia y bendiciones espirituales. El ser llamado por el Padre a formar parte de su reino ya es un beneficio maravilloso por el cual debemos estar siempre agradecidos con Él.

Cuando tenemos conocimiento de esto, lo bendecimos a Él diariamente por su favor y misericordia hacia nuestra vida. Seamos agradecidos por los beneficios que el Padre nos dio a través de su hijo, bendigámosle en todo tiempo y aprendamos a bendecir a nuestros hermanos. ¡Nunca maldigamos!

13 Soy Ciudadano del Cielo

"Mas **nuestra ciudadanía** es en los cielos, de donde también esperamos al Salvador, al Señor Jesucristo..." Filipenses 3:20

El lugar donde mora Dios y Cristo es el hogar de los creyentes, donde está la herencia y el nombre de cada uno registrado. Evidentemente, todo aquel que está en Cristo pertenece al reino que está bajo el mandato y gobierno del Rey Celestial y, por tanto, se debe estar dispuesto a obedecer las leyes del cielo.

La vida, la justicia, el gozo, la paz, la perfección, la presencia de Dios; la compañía gloriosa de Cristo, las recompensas y todo lo demás que Dios ha planificado, es la herencia celestial de todos aquellos que son llamados ciudadanos del cielo. Los cristianos son extranjeros en una sociedad secular, porque su ciudadanía está en el cielo. Ellos pueden ver sus obligaciones en el mundo desde tres ópticas o puntos de vista que son los siguientes:

1. Como peregrinos
2. Como ciudadanos
3. Como siervos

Pedro muestra cómo Cristo estableció el ejemplo a seguir, ya que vivió una vida perfecta en medio de un ambiente hostil.

Para poder ejercer una influencia útil en la sociedad, cada cristiano debe ser disciplinado en su interior, doblegando dentro de sí mismo los deseos de la naturaleza caída. De esta manera, se debe actuar tanto en su vida privada como pública, para alcanzar a ser dignos representantes de donde procede verdaderamente su eterna ciudadanía.

14 Soy Coheredero con Cristo

"Y si hijos, también herederos; herederos de Dios y coherederos con Cristo, si es que padecemos juntamente con él, para que juntamente con él seamos glorificados."
Romanos 8:17

La palabra herencia significa: **poseer, recibir como propio, obtener.**

Tiene que ver con aquella posesión que se alcanza en base a la condición de hijo, no por un precio pagado ni por una tarea cumplida, sino que se recibe como un don; en contraste con aquello que se recibe como recompensa por cumplir la ley. Ser coheredero con Cristo es uno a quien Dios le ha asignado algo, no poseyéndolo aún, sin embargo, con la garantía que lo tendrá (El sello del Espíritu en el creyente es esa garantía).

A diferencia de la práctica judía relacionada con la primacía del primogénito, bajo la ley romana, la herencia se dividía en partes iguales entre los hijos para garantizar una protección más adecuada de las posesiones heredadas a los coherederos. Dios ha designado a su Hijo Jesucristo como heredero de todas las cosas, mas cada hijo adoptado recibirá, por la gracia divina, la herencia completa que Cristo recibió por derecho divino, si es que tal hijo padece juntamente con Él.

Dios nos ha convertido en hijos suyos y, por tanto, podemos venir delante de Él sin temor ni duda y no sólo reconocerlo como nuestro

Padre amado, sino tener la plena confianza de que en verdad no sólo somos sus hijos, sino que también nos ha hecho coherederos junto con Cristo.

Todo cristiano fiel ha sido hecho coheredero de Jesucristo en la herencia dada a Él por el Padre Celestial, que es la dinastía del trono de David.

"He aquí que vienen días, dice Jehová, en que levantaré a David renuevo justo, y reinará como Rey, el cual será dichoso, y hará juicio y justicia en la tierra."
Jeremías 23:5

"…los reinos del mundo han venido a ser de nuestro Señor y de su Cristo; y él reinará por los siglos de los siglos." Apocalipsis 11:15

Al tener la misma herencia que el Rey de reyes los redimidos reciben el reino también.

*"…misterio que en otras generaciones no se dio a conocer a los hijos de los hombres, como ahora es revelado a sus santos apóstoles y profetas por el Espíritu: que los gentiles **son coherederos** y miembros del mismo cuerpo, y copartícipes de la promesa en Cristo Jesús por medio del evangelio…"*
Efesios 3:5, 6

Los coherederos son todos los creyentes como futuros participantes con Cristo en su gloria, como recompensa por haber participado de sus sufrimientos.

15 Soy Adquirido por Precio de Sangre

*"Porque habéis sido **comprado** por precio; glorificad, pues, a Dios en vuestro cuerpo y en vuestro espíritu, los cuales son de Dios."* 1 Corintios 6:20.

*"Por precio fuisteis **comprados**; no os hagáis esclavos de los hombres."* 1 Corintios 7:23

*"... sabiendo que fuisteis **rescatados** de vuestra vana manera de vivir, la cual recibisteis de vuestros padres, no con cosas corruptibles, como oro o plata, sino con la sangre preciosa de Cristo, como de un cordero sin mancha y sin contaminación."* 1 Pedro 1:18, 19

La palabra comprar viene de la raíz griega /agorazo/. Esta palabra no significa el hecho de redimir o rescatar, sino literalmente "comprar en el mercado". Figuradamente, habla de Cristo, quien compró con su vida a los que estaban esclavizados del pecado; haciendo de ellos su pertenencia por el precio de su sangre; esto es la muerte por medio del derramamiento de su sangre en pago por el mortal.

Entonces, **rescatado** tiene que ver con pagar el precio para librar a una persona de la esclavitud, dejarla en libertad mediante el pago llevado a cabo. Rescate era un término técnico que se aplicaba al dinero pagado para comprar la libertad de un prisionero que se encontraba esclavo.

Los textos anteriormente mencionados tienen que ver con el precio pagado para comprar la libertad de los que estaban esclavos del pecado y bajo la maldición de la ley, en este caso, el precio pagado al Padre, Dios santo, fue la sangre derramada de su propio hijo Jesucristo.

> *"...el cual se dio a sí mismo en rescate por todos, de lo cual se dio testimonio a su debido tiempo." 1 Timoteo 2:6*

Este término también describe la muerte sustitutiva de Cristo por los creyentes, a la cual Él se sometió por voluntad propia. Cristo no sólo pagó un precio, sino que se convirtió en el objeto mismo de la ira justa de Dios en el lugar del creyente. Él padeció la muerte que merecían los creyentes y cargó con todo el pecado de la humanidad.

La muerte de Cristo fue suficiente para cubrir y quitar los pecados de todas las personas, pero el aspecto sustitutivo de su muerte sólo se aplica a aquellos que le reciben como su personal y único Salvador y Redentor. La expiación que Cristo hizo por el pecado es indivisible, inextinguible y suficiente para pagar el precio de aquellos que le reciben y le aceptan.

El sacrificio que hizo Jesucristo en la cruz pagó ese precio por cada individuo que crea en Él, sacándolo de la esclavitud para siempre.

16 Soy Elegido Para Llevar Fruto y que Éste Permanezca

*"No me elegisteis vosotros á mí, más yo **os elegí** á vosotros; y os he puesto para que*

vayáis y llevéis fruto, y vuestro fruto permanezca..." Juan 15:16

La palabra "elegido" viene de la raíz griega /ekloge/, que tiene que ver **con sacar de entre**, de ahí lo que es elegido. Asimismo, tiene que ver con la palabra escoger o seleccionar. En este verso bíblico se usa como un término para designar a los cristianos, a aquellos que han sido escogidos por Dios para salvación y producir resultados fructíferos.

Uno de los propósitos de la elección soberana de Dios es que los discípulos que han sido bendecidos con tal llamamiento, produzcan fruto espiritual en abundancia. El propósito de la elección Divina es para que cada participante sea portador de fruto. El fruto es la manifestación de su presencia y llamado. No es el propósito de Dios que seas ocioso como la higuera que Jesús se encontró en el camino. Dios busca frutos en nosotros, Él mismo dijo que sus discípulos serían destacados o conocidos de las demás personas por sus frutos. El fruto del espíritu es la manifestación de su mismo carácter y persona.

"...elegidos según la presciencia de Dios Padre en santificación del Espíritu, para

> *obedecer y ser rociados con la sangre de Jesucristo: Gracia y paz os sean multiplicadas."1 Pedro 1:2*

Cuando un creyente tiene conocimiento de tal revelación, se le agiganta en el corazón una mayor gracia de ser cada día más fiel a aquel por el cual fue llamado.

17 Soy Redimido

> *"...en quien tenemos redención por su sangre, el perdón de pecados según las riquezas de su gracia..." Efesios 1:7*

La palabra **redención** tiene tres significados, analicemos cada uno de ellos:

1. /agorazo/, comprar algo

2. /exagorazo/, es una forma intensificada que tiene que ver con sacar del mercado al esclavo, es decir, sacarlo afuera para darle la libertad total.

3. /lutroa/, liberar y quitarle las cadenas al esclavo, para que sea libre de toda cadena y yugo.

En el sentido espiritual, esto tiene que ver con la obra perfecta otorgada por Cristo al redimir a los hombres de todo pecado e iniquidad.

Mientras que las dos primeras palabras se traducen como **la redención propia** y el precio pagado por la misma, la palabra /lutroa/ tiene que ver con **el acto de poner en libertad para siempre.**

Estas palabras están relacionadas con la idea de la liberación de la culpa y de la condenación de los pecados contra el pecador. Es decir, se le abre la puerta al sentenciado para que entre en una vida de libertad, lo que se denomina "novedad de vida nueva".

> "...y cantaban un nuevo cántico, diciendo: digno eres de tomar el libro y de abrir sus sellos; porque tú fuiste inmolado, y con tu sangre nos has redimido para Dios, de todo linaje y lengua y pueblo y nación..."
> Apocalipsis 5:9

Cántico nuevo fluye intensamente de todos aquellos que han experimentado la liberación total en Dios. Este cántico nuevo declara la redención gloriosa y definitiva que Dios ya hizo exonerándote de toda culpa, por eso, Cristo es digno de recibir toda la gloria por siempre.

18 Soy Olor Grato de Cristo

"Porque para Dios somos grato olor de Cristo en los que se salvan, y en los que se pierden; a éstos ciertamente olor de muerte para muerte, y a aquéllos olor de vida para vida."
2 Corintios 2:15, 16

Pablo estaba profundamente agradecido a Dios por el privilegio que tenía de ser usado, impartiendo a través de su vida la presencia de Dios a todas las personas que el Señor ponía en su camino.

La imagen de **olor grato** se deriva del olor dulce e intenso del incienso que se quemaba frente al lugar santísimo en el Tabernáculo de reunión. También, era costumbre del pueblo Romano, en el día de la gran pompa y desfile triunfal, tirar pétalos a los elogiados que llegaban triunfantes de la batalla. La fragancia de flores esparcidas y sus pétalos triturados por los cascos de los caballos al andar, producía un aroma agradable que llenaba la ciudad.

Según el texto, todo creyente fiel es llamado por el Señor a ser esa clase de influencia notoria y grata para el evangelio en todo lugar.

Es evidente que donde vaya un siervo fiel a Dios, ejercerá una influencia eficaz para su reino. Por tal motivo, esto te da un mayor desafío para saber que, en todo tiempo, tu vida debe ser transparente para poder evangelizar y, de esta manera, ser un ganador de almas.

Para muchos, el mensaje del evangelio traerá vida eterna y alabanza a Dios, para otros, será una piedra de tropiezo que los ofenderá y les acarreará muerte eterna. En esto se manifiestan aquellos que son olor de vida para vida y los que son olor de muerte para muerte.

El perfume, generalmente, está dentro de un recipiente, pero para que se pueda sentir bien, tiene que salir de una forma adecuada. Así mismo somos nosotros, olor fragante cuando damos el amor de Cristo a otros y testificamos del poder de Dios apropiadamente.

19 Soy Llamado con Llamamiento Santo

*"...quien nos salvó y **llamó** con llamamiento santo, no conforme a nuestras obras, sino según el propósito suyo y gracia que nos fue dada en Cristo Jesús antes de los tiempos de los siglos..."* 2 Timoteo 1:9

El llamado que has recibido es muy alto, por tanto, debes cuidar la forma en que te expresas y cómo actúas delante de los demás. Donde quiera que te muevas, dentro y fuera de la congregación, debes ser el mismo, *"porque lo ojos de YHVH recorren la faz de la tierra"*. Hemos sido llamados para ser separados para Él.

Es bueno tener un título en la tierra, pero cuando tengas que hacer una elección entre el título que alcanzaste y el que alcanzas en la dignidad celestial, debes estar orgulloso con el título de la dignidad celestial; este no es por un año, ni cincuenta, es una posición eterna. ¡Llegar a ser escogido de Dios es el **mayor privilegio** que el hombre pueda tener en la tierra!

"...sino, como aquel que os llamó es santo, sed también vosotros santos en toda vuestra manera de vivir; porque escrito está: Sed santos, porque yo soy santo." 1 Pedro 1:15,16

20 Soy Participante del Llamamiento

*"Por tanto, hermanos santos, **participantes** del llamamiento celestial, considerad al apóstol y sumo sacerdote de nuestra profesión, Cristo Jesús... Porque somos hechos **participantes** de Cristo, con tal que retengamos firme hasta el fin nuestra confianza del principio..." Hebreos 3:1,14*

La palabra participar o participante viene de la raíz griega /Koinoneo/, que significa tener una parte de, compartir con, tomar parte en. También tiene que ver con tener comunión con o en; compartir con otros lo que uno posee.

El ser participante de su llamamiento nos hace ser similares a Cristo, esto exige un grado de perseverancia continua; que nos mantengamos fieles y obedientes a quien nos hará participantes, no solo de sus bendiciones aquí en la tierra, sino también de su reino, bajo su cubierta de poder y autoridad.

21 Soy Preservado Para Su Reino Celestial

*"Y el Señor me librará de toda obra mala, y me **preservará** para su reino celestial. A él sea la gloria por los siglos de los siglos. Amén."* 2 Timoteo 4:18

Con una profunda convicción en la obra del Señor en el presente, Pablo se fortaleció al permanecer unido a aquel que lo había llamado a servirle con una sólida y firme esperanza sobre todo lo que sería la obra futura del Señor. El Apóstol no dudaba, ni por un instante, que Dios lo libraría de todas las tentaciones y confabulaciones que pudieran levantarse en su contra. Él, con toda autoridad, declaró creyendo... *"me preservará para su reino celestial"*.

La palabra preservación viene de la raíz griega /peripoiesis/, que significa **adquisición o ganancia de algo,** tiene relación con **adquirir, alcanzar, posesión**. Lo que este texto declara es: "El Señor me llevará con seguridad hasta el día en que seré manifestado en su gloria eterna".

Aquel que te salvó también te guardará hasta el día final.

22 Soy Primicia

"El, de su voluntad, nos hizo nacer por la palabra de verdad, para que seamos primicias de sus criaturas." Santiago 1:18

Esta frase tiene que ver con una palabra griega que nos da a entender que la regeneración no es un simple deseo, sino una expresión activa de la voluntad de Dios; la cual Él siempre tiene el poder de cumplir a la perfección.

Dios es la fuente de esta vida nueva, el acto divino de la regeneración o nuevo nacimiento es por medio de la palabra de verdad. Ciertamente, es real que la Palabra de Dios nos regenera de ser pecadores, haciéndonos partícipes de las primicias de salvación por medio del poder que esa Palabra manifiesta. La misma, es una expresión original del Antiguo Testamento que se refiere a las primeras y mejores cosechas que Dios esperaba recibir como ofrenda de gratitud. Al entregar a Dios esa clase de cosecha era, sin duda alguna, un acto de fe en que Él cumpliría sus promesas de una cosecha completa y productiva al final de la temporada.

De la misma manera, los cristianos son la primera evidencia de la creación nueva de Dios que ha de venir al final de los tiempos. Ellos disfrutan en el presente su vida nueva como una prueba incuestionable de que Dios les ha dado por anticipado el experimentar su gloria futura en un tiempo presente. Esto anticipa la resurrección del cuerpo y la semejanza completa a Cristo; que es la gloria eterna del creyente.

Así como los primeros frutos dan esperanza de una cosecha, el fruto que el Espíritu produce en ti ahora, provee esperanza de que un día serás semejante a Cristo.

23 Soy Santificado por la Ofrenda del Cuerpo de Cristo

> *"¿Cuánto mayor castigo pensáis que merecerá el que pisoteare al Hijo de Dios, y tuviere por inmunda la sangre del pacto en la cual fue santificado, e hiciere afrenta al Espíritu de gracia?"* Hebreos 10:29

> *"Así que, si alguno se limpia de estas cosas, será instrumento para honra, santificado, útil al Señor, y dispuesto para toda buena obra."* 2 Timoteo 2:21

Todo el que entra en el Nuevo Pacto recibe la manifestación de su santidad por la ofrenda que Cristo hizo en sí mismo. Por tal acción, se debe honrar al Señor cuidando el testimonio diariamente.

Santificación significa **"vivir separado para Dios"**, Él es el que llama y capacita para estar en el mundo y al mismo tiempo no pertenecer a él. El Espíritu Santo te proporciona el deseo en el corazón de tener una conducta apropiada y de vivir separado del pecado, aun cuando vivas en la tierra rodeado del mismo. Es una acción divina dentro del corazón, otorgada por el Espíritu Santo.

La santificación es el resultado del llamamiento divino y la participación de su naturaleza santa. Esta es la razón por la cual reciben el nombre de santos o santificados todos aquellos que son partícipes del nuevo pacto.

Es un compromiso donde el creyente tiene que vivir, constantemente, en Cristo bajo el pacto de su sangre; que consiste en la separación y consagración a Él. Habrá castigo para aquel que ha gustado de sus beneficios y luego se aparta negando los mismos con sus hechos vergonzosos. El escritor del libro de Hebreos exhorta a no hacer afrenta al *Espíritu de gracia*. No se puede deshonrar un llamado tan grande ni tratar de manera insolente el sacrificio de Cristo.

Los hijos de Dios deben andar perfeccionando la santidad en el temor de Dios, llevando una vida separada del pecado (en santidad) hasta la venida del Señor; sin esto será difícil verlo, ya que Él es Santo y cosa inmunda no entrará en Su presencia.

24 Soy Heredero de sus Riquezas en Gloria

"En el...tuvimos herencia..." Efesios 1:11

Cristo es la fuente de la herencia divina del creyente, la cual es tan cierta y real que se habla de ella como si ya la hubiéramos recibido.

Esta verdad es maravillosa y refleja la autenticidad de la salvación. La Palabra de Dios dice que éramos, por naturaleza, hijos de ira y no estábamos dentro del linaje escogido; mas Dios en su amor y misericordia nos hizo primeramente hijos para luego hacernos herederos de la herencia de Cristo.

La palabra heredero proviene de la raíz griega /kleronomos/ que significa:

- Uno que obtiene un lote o porción
- Poseer
- La persona que recibe una propiedad que deja otra al morir.
- Uno a quien algo ha sido asignado por Dios en posesión, pero que todavía no ha recibido.
- Uno que posee algo por meritos propios.

En el tiempo de los patriarcas, los bienes o la herencia del Padre se dividía entre los hijos legítimos (hijos de la esposa legítima). Sin embargo, el hijo legítimo mayor, como lo mencionamos anteriormente, recibía el doble de lo que recibían los demás. A los hijos de las concubinas, sólo se les despedía con dones. Cuando no había hijos varones, la herencia pasaba a las hijas, sino no había hijas, pasaba al pariente más cercano. Esto era en cuanto a la herencia, hasta que las administraciones griega y romana establecieron nuevos términos para el testamento y el testador, lo cual se hizo familiar para los judíos.

En el sentido espiritual, somos herederos de Dios habiendo sido, por la adopción del Espíritu, hijos de Él. Antes el creyente estaba sometido a la esclavitud de la ley del Antiguo Testamento, pero ahora no somos más esclavos, sino que somos herederos de Dios por medio de Cristo. La palabra de Dios dice que somos herederos de Dios y coherederos con Cristo (Romanos 8:17). Somos herederos de la salvación, de la gracia, de la vida eterna. Tenemos una herencia incorruptible, incontaminada e inmarcesible; reservada en los cielos para nosotros (1Pedro 1:3-4).

Tenemos que llegar a la estatura del varón perfecto y alcanzar todas las promesas que nuestro Padre Celestial tiene para nosotros con un espíritu enseñable, sujeto a tutores o mentores y al Espíritu Santo. También, debemos crecer modelando y caminando comprometidos; pagando el precio y creyendo en esas promesas.

A medida que crezcamos y maduremos espiritualmente, podremos tomar posesión de esa herencia, ese ministerio, ese llamado y los dones que Dios tiene reservados para cada uno.

¡Glorificándolo a Él siempre y agradándole en todo!

25 Soy un Predestinado Para Hacer Su voluntad

"En Él asimismo tuvimos herencia, habiendo sido predestinados conforme al propósito del que hace todas las cosas según el designio de su voluntad..." Efesios 1:11

La palabra predestinado tiene que ver con: **determinar por anticipado, ordenar por adelantado, conocer con antelación.** Esta última se refiere, especialmente, a las personas conocidas por Dios antes de la fundación del mundo. Antes de que la tierra fuera formada, Dios te conoció en su soberanía divina. A través de su voluntad, te llamó para que participaras de su naturaleza; ese fue su propósito para ti.

La elección o predestinación de Dios no anula ni opera aparte de la responsabilidad del hombre para aceptar a Jesús gratuitamente. El cristiano verdadero y genuino tiene la seguridad de la salvación eterna y perseverará en crecer espiritualmente, debido a que ha recibido todo lo necesario para sustentar la vida eterna mediante el poder de Cristo. El saber que su amor te ha alcanzado te lleva a buscar su voluntad con un corazón agradecido, sabiendo que la gracia es un regalo de Dios. Este conocimiento te lleva a buscar más de su santidad con respeto y devoción.

Cristo ya te proveyó todos los recursos espirituales que sustentan y perfeccionan tu vida cristiana para agradar a Dios. Jesucristo mismo es la fuente de la suficiencia y la perseverancia.

26 Soy un Sellado con el Espíritu Santo

*"...habiendo creído en él, **fuisteis sellados** con el Espíritu Santo de la promesa..."*
Efesios 1:13

El sello al cual se refiere Pablo tiene que ver con una marca oficial de identificación que se colocaba en las cartas, contratos y documentos de ventas importantes. De esta manera, el documento quedaba sellado hasta el día que se llevará a cabo la transición.

Asimismo, el Espíritu Santo es dado por Dios como el establecimiento del pacto, que tiene que ver con la herencia futura de todo fiel creyente en gloria. Por tanto, sello indica además permanencia y destino.

El sello del Espíritu Santo en cada hijo **es la seguridad o garantía** de la herencia. Es el contrato firmado y sellado antes de entregar la propiedad. El sello del Espíritu Santo en ti te da la garantía de que eres de su propiedad. Te está preservando hasta el día venidero.

Cuando tú separas una casa, entregas un dinero de depósito, esa es la garantía y la prueba de que la vas a adquirir. De la misma manera, el sello del Espíritu de Dios es la garantía de que le perteneces al Señor y que te guardará hasta su día glorioso.

Existen cuatro verdades notorias en la declaración de Efesios 1:13 anteriormente expuesta, que se establecen por medio del sello del Espíritu Santo.

1. Seguridad
2. Autenticidad
3. Propiedad
4. Autoridad

Cada hijo de Dios, sellado con la garantía del Espíritu Santo, está seguro de quién es y para dónde va; tiene personalidad porque sabe que es hijo de Dios, sabe que le pertenece a Él y camina bajo esa autoridad.

27 Soy Sal de la Tierra

"Vosotros sois la sal de la tierra; pero si la sal se desvaneciere, ¿con qué será salada? No

sirve más para nada, sino para ser echada fuera y hollada por los hombres." Mateo 5:13

La esencia de ser **"sal"** es para conservar la tierra con lo puro y lo bueno de Dios, para que la maldad no se propague como el hongo séptico (corruptivo) hacia la humanidad. Jesucristo dijo: *"Yo soy la sal de la tierra"*; los verdaderos hijos de Dios, hechos de su misma esencia, tienen que cumplir las funciones esenciales de la sal.

¿Cuál es el llamado a seguir? Es un llamado a no desvanecerse, a no perder el propósito por el cual fuimos creados, a frenar el pecado, a no practicarlo; sino ser de aquellos que lo detienen. Pensarás que tu obra es insignificante ante tal corrupción, pero no, serás útil como la sal en el reino de Dios, y serás conocido en el mundo espiritual.

¿Cuándo un cristiano puede perder el sabor?

- Cuando se asimila al mundo, el cual debe salar.
- Cuando se acomoda a los modelos mundanos y deja de marcar las señales de Cristo en su entorno.

En el momento que esto ocurre, pierde su poder espiritual y ya no sirve para salar ("literalmente bíblico"*para nada*).

Los cristianos que se acomodan al mundo **pierden su sabor**, el objeto por el cual fueron llamados; no dan testimonio y se ganan el repudio de los hombres que los rodean. Este rechazo no es el mismo que se recibe por causa de la justicia, sino que es el desprecio del mundo hacia los cristianos que se han desnaturalizado. Es el menosprecio a los que, siendo llamados a ser verdaderos hijos de Dios, viven como si no lo fueran.

Es interesante ver cuál es la traducción literal de las expresiones:

- "si la sal **se desvaneciere**" = "si la sal se vuelve necia"
- y "no **sirve más para nada**" = "para nada tiene fuerza").

La razón de ser sal es salar, dar sabor. La comida desabrida es casi tan mala como la comida tibia que se arroja de la boca. Pero no es sólo eso, la razón de ser sal es, sobre todo, **preservar**.

Si el mundo no se corrompe aún hasta el extremo y el enemigo (padre de mentira) aún tiene oposición, es porque hay sal en la tierra. La sal resiste la **descomposición** y detiene **el deterioro.** El día que los santos sean quitados de la tierra, el mundo lo sabrá, porque muchas cosas comenzarán a heder. Las cosas tomarán el color de la maldad y ofrecerán al fin su verdadero aspecto de muerte.

28 Soy la Luz del Mundo

*"Vosotros sois la luz del mundo; una ciudad asentada sobre un monte no se puede esconder. Ni se enciende una luz y se pone debajo de un almud, sino sobre el candelero, y alumbra a todos los que están en casa. Así alumbre vuestra luz delante de los hombres, para que vean **vuestras buenas obras**, y glorifiquen a vuestro Padre que está en los cielos" Mateo 5:14-16*

Al decir estas palabras, el Señor nos está confiriendo un inmerecido honor, nos está dando el mismo privilegio que el de ser luz.

De Juan el Bautista se dice en el evangelio que no era la luz, sino que era uno que había venido a dar testimonio de la luz. Sin embargo, de nosotros se dice lo que Juan nunca fue: *"Vosotros sois la luz del mundo"*.

La luz en las tinieblas resplandece. Cuando la luz ilumina, las tinieblas huyen. Si la luz es potente, las tinieblas, por muy densas que sean, no pueden prevalecer contra ella. La Biblia dice que *"las tinieblas no prevalecieron contra la Luz, que es Cristo"*. Esta afirmación tocante a Jesús es, para cada hijo de Dios, motivo de gozo y bienaventuranza. Si las tinieblas no pudieron contra Él, entonces tampoco pueden prevalecer contra ti, porque llevas la misma luz dentro de tu ser.

Sin embargo, esta palabra es también un desafío y alerta, porque si la luz se pone debajo de una mesa, entonces no alumbra casi y es como si el ambiente estuviera abrumado y opaco. Por eso, en muchos quienes son llamados cristianos no se distinguen con claridad sus hechos, más bien se ve confusión.

¿Qué sucede con estos cristianos opacos?

- Su productividad es nula.
- Sus ondas no alcanzan a quienes debieran alumbrar.
- La lobreguez opaca la verdad.

La luz es visible, todo lo revela, nada esconde; no se hizo para esconderla. Por tanto, la vida de cada cristiano verdadero debe ser transparente. El que anda en tinieblas no puede alumbrar a los demás, y él mismo puede tropezar.

La luz que cada cristiano tiene le proporciona autoridad para que otros sean iluminados y vengan al conocimiento de Cristo. Esta luz es el testimonio de que eres hijo de Dios y las buenas acciones te siguen. La luz que alumbra en el mundo es la vida de los cristianos. *"En Cristo estaba la vida, y la vida era la luz de los hombres"*. Las tinieblas que habitan en el corazón del hombre representan la maldad, y ésta sólo es puesta en evidencia por la luz, que es la vida.

"Mas todas las cosas, cuando son puestas en evidencia por la luz, son hechas manifiestas; porque la luz es lo que manifiesta todo."
Efesios 5:13

Esta luz es la vida nueva de cada creyente que ha de alumbrar delante de los hombres, para que todos vean las buenas obras. Si el buen testimonio te sigue, a otros atraerás para Cristo y esto será la señal de que **andas en luz**.

29 Soy Libre de la Potestad de las Tinieblas

"...el cual nos ha librado de la potestad de las tinieblas, y trasladado al reino de su amado Hijo..." Colosenses 1:13

La potestad de las tinieblas es la potestad de Satanás, el dios de este siglo, y opera en los hijos de desobediencia. Jesucristo es el que tiene el dominio de trasladar a las almas de la cautividad al reino de libertad, de las tinieblas a la luz, de la muerte a la vida; de la condenación a la eternidad salvadora, del infierno al cielo. Lo que el Señor hace con los que le aceptan es un traslado de la desobediencia a la sujeción, a la obediencia; como Cristo la tuvo en todo a su Padre. Hay dos reinos: el de la luz y el de las tinieblas, los desobedientes siguen las tinieblas y la mentira, los libres siguen a la luz y se convierten en hijos de la verdad.

30 Soy Embajador en Nombre de Cristo

"Así que, somos embajadores en nombre de Cristo, como si Dios rogase por medio de nosotros; os rogamos en nombre de Cristo: reconciliaos con Dios." 2 Corintios 5:20

¿Qué es un embajador? Un embajador es un agente diplomático de primera clase, de representación permanente en otro gobierno; y en donde quiera que se mueve ese diplomático lo hace con toda la autoridad del gobierno al cual representa.

Cada hijo de Dios, nacido de nuevo, es un embajador de Cristo, porque la Biblia dice que en el nombre de Cristo se es embajador.

Un embajador tiene que reconocer la responsabilidad que hay sobre él para representar correctamente al que lo envió. Igualmente, el cristiano debe manifestar el resultado de la obra de Dios en donde se desenvuelve diariamente. Hay que ser diferente al resto de las personas; por tanto, debemos tener en cuenta que somos embajadores de:

- Un Reino que jamás será vencido ni destruido.

- Un Reino sempiterno (su duración es por la eternidad).

- Un Reino inconmovible de Gloria que permanece y permanecerá a través de la eternidad y las edades.

Debes reconocer que, de acuerdo a las circunstancias, vale la pena:

- Responsabilizarte

- Comprometerte

- Llenarte de unción y de la revelación de la Palabra de Dios

Eres embajador de un Reino que resiste el pecado, que cambia las situaciones, que transforma hogares, que disipa la desesperación y que rompe las cadenas. Un Reino que se impone por encima del fracaso y resiste todos los planes del enemigo. Además, se es representante directo de quien te llamó, Jesucristo el Señor.

Cuando Dios declaró que eres embajador, está diciendo que tienes la investidura real de autoridad para ejercer dominio referente al mundo de las tinieblas. Dios ha confeccionado vestiduras de gala que denotan autoridad, para que las uses espiritualmente y seas un triunfador en todas las áreas.

Tú no puedes ver con tus ojos físicos esta gloriosa investidura, pero el enemigo de tu alma y los demonios saben que la usas. Si haces eso correctamente, estarás en una posición de victoria frente las circunstancias de la vida; por encima y nunca por debajo de las adversidades y problemas.

Pablo escribe con relación a esta declaración:

"Así que, somos embajadores en el nombre de Cristo, como si Dios rogase por medio de nosotros; os rogamos en nombre de Cristo: reconciliaos con Dios." 2 Corintios 5:20

Cuando Cristo establezca el Reino de justicia y de paz en la tierra, la iglesia tendrá el privilegio de gobernar sobre las naciones. Por tanto, te exhorto a no perder nunca este privilegio de tener el título de **embajador.**

*"**Y Jehová dijo a Moisés**: Toma a Josué hijo de Nun, varón en el cual hay espíritu, y pondrás tu mano sobre él; y lo pondrás delante del sacerdote Eleazar, y delante de toda la congregación; y le darás el cargo en presencia de ellos. Y **pondrás de tu dignidad sobre él**, para que toda la congregación de los hijos de Israel le obedezca."*
Números 27:18-20

Moisés depositó sus vestiduras de dignidad sobre Josué para que continuara la obra de liderazgo que él había comenzado. De la misma forma, debemos revestirnos de las vestiduras de Cristo y las de un fiel **soldado** para representar lealmente el reino de Dios.

Lo que tú eres en Cristo es una posición que has asumido, no para un tiempo limitado, sino para siempre. Al aceptarlo te has hecho participante de su naturaleza divina por toda la eternidad.

31 Soy de la Verdad

*"Y en esto conocemos que **somos de la verdad**, y aseguraremos nuestros corazones delante de Él..." 1 Juan 3:19*

El testimonio de Jesucristo es verdadero y el Espíritu de Cristo es el Espíritu de la verdad. La verdad testifica en nuestro espíritu que andamos en la luz. Ninguno que duda puede agradar a Dios, porque la verdad es el Espíritu de Cristo que es el Espíritu de fidelidad. Dios es fiel y su Palabra no miente ni vuelve atrás. Fiel es el que te ha llamado.

Su Nombre es Fiel y Verdadero. Si no conociéramos la verdad y dudáramos en nuestro corazón, no podríamos soportar las pruebas de este mundo. Pero el Espíritu de verdad da testimonio de que somos y andamos en verdad y nuestro testimonio es verdadero.

Vivimos en la verdad y andamos confiadamente, sin dudar. El creyente no tiene parte con la mentira. Al ser de Cristo tenemos su misma naturaleza, eso nos ayuda a vivir bajo el poder de Dios. ¡Y Dios es veraz!

32 Soy Prosperado

"Amado, yo deseo que tú seas prosperado en todas las cosas..." 3 Juan 1:2

La prosperidad es el testimonio más visible que un cristiano da de una vida victoriosa en Cristo. David proclamó a su hijo Salomón que sería prosperado en todo y le edificaría la casa al Señor si ponía por obra los estatutos y los mandamientos de Dios. Por tanto, David antes de finalizar sus días, dijo: *"no he visto justo desamparado, ni su descendencia que mendigue pan"*.

Josué mismo recibió palabra de YHVH que sería prosperado y que ninguno le podría hacer frente si meditaba y guardaba fielmente la palabra de Dios. Sin lugar a dudas, vemos que la prosperidad viene acompañada de fidelidad y compromiso con Dios. Dios le dijo a Israel: *"te bendeciré y serás de bendición"*, sólo tenía que cumplir con su parte.

El deseo del apóstol Juan al amado anciano Gayo es el mejor deseo que alguien puede tener hacia nosotros, "prosperidad y salud". Declárate hijo de prosperidad, dale a Dios lo que le pertenece y verás su fidelidad.

33 Soy Rama de la Vid Verdadera

"Yo soy la vid, vosotros los pámpanos; el que permanece en mí, y yo en él, éste lleva mucho fruto; porque separados de mí nada podéis hacer." Juan 15:5

En este pasaje del evangelio de Juan, el Señor mismo se compara con una vid, y a sus discípulos como las ramas. La unión del tronco de la vid y sus ramas es inseparable, tanto el tronco como las ramas participan de la misma vida que es la savia, y forman una planta fructífera. El hecho de ser ramas, les permite participar de toda la riqueza de la vid. Toda la savia, la salud y el vigor le son provistos a las hojas por el hecho de ser parte de la planta, no tienen que desearlo como si fuese una aspiración.

Sin embargo, al decir "*el que permanece en mí...*" está señalando que no todos los sarmientos permanecen en Él. La causa es sencilla, la parra (vid) tiende a extenderse como enredadera y se envicia sólo ensanchándose sin dar fruto. Entonces, para que dé fruto hay que podarla y así el resultado es inmediato, porque tira brotes con florcillas que serán el fruto. Por eso, el verdadero labrador, que es el Padre Celestial, siempre la vigila y, de temporada en temporada, la poda para que siempre vaya produciendo frutos. La realidad del pámpano es innegable, pero hay que darse cuenta que sólo se hará efectivo su fruto si permanece en la vid. Dice: "*el que permanece en mí (la vid), y Yo en él (pámpano), éste (y no otro) lleva mucho fruto; porque separados de Mí nada podéis hacer.*"

Esta es la verdad, permanecer en Cristo nos hace fructíferos, y eso busca el Padre de ti, frutos de justicia. ¡Permanece injertado en la vid verdadera!

34 Soy Vaso de Barro que Guarda el Poder de Dios

"Pero tenemos este tesoro en vasos de barro, para que la excelencia del poder sea de Dios, y no de nosotros..." 2 Corintios 4:7

El profeta Jeremías vio al pueblo de Israel en las manos de Dios como una vasija de barro, la cual estaba moldeándola a su parecer. La casa de Israel fue una casa de deshonra, que por su pecado, fue objeto de juicio; pero he aquí que nosotros, los bienaventurados por Dios para creer en su Hijo, hemos sido hechos **vasos de misericordia**, donde se deposita el poder de Dios.

La calidad del vaso no ha mejorado en su estructura exterior de judío a gentil. Aún sigue siendo de barro; sin embargo, la diferencia está en su interior. Adentro hay un tesoro que los judíos nunca tuvieron, el poder del Espíritu Santo de Dios. Ser un vaso en sus manos es como el violín en las manos del violinista, esto nos convierte en instrumentos útiles en sus manos; y una vez más, el maestro divino es el que se lleva la honra.

La vasija en sí tiene poco valor, lo que tiene gran precio es lo que contiene, y el contenido es el regalo de su amor; el tesoro depositado dentro de Él. No escondas a Cristo, hazlo conocer, vuelca el tesoro que hay dentro de ti para bendecir a otros.

35 Soy una Nueva Masa sin Levadura

*"Limpiaos, pues, de la vieja levadura, para que seáis nueva masa, **sin levadura** como sois; porque nuestra pascua, que es Cristo, ya fue sacrificada por nosotros"* 1 Corintios 5:7

Cuando algo es nuevo, es bello. La palabra nos exhorta a limpiarnos (*"para que seáis nueva masa, sin levadura..."*). Lo que Pablo demanda a los corintios, lo demanda con base en lo que ellos son: nuevos creyentes (una masa nueva) sin maldad (sin levadura, la levadura es la malicia y la maldad). En efecto, Pablo, por la fe, ve la obra de Cristo consumada en los creyentes.

Los creyentes de Corinto tenían algunos problemas de conducta. Algunos de ellos estaban cometiendo inmoralidades. Por ese motivo, Pablo les tiene que hacer ver que ni los fornicadores, ni los idólatras, ni los adúlteros, heredarán el reino de Dios. Y luego añade: *"Y esto erais algunos; mas ya habéis sido lavados, ya habéis sido santificados, ya habéis sido justificados en el nombre del Señor Jesús, y por el Espíritu de nuestro Dios."* 1 Corintios 6:11

El lenguaje de la fe es extraño pero precioso, porque ni condena, ni carga, simplemente dice: *"ustedes tienen que ser esto y aquello... ¡porque ya lo son!"* Y entonces sentimos el poder de la gracia que nos capacita **para ser** (en la práctica) **aquello que somos en Cristo por la fe.**

*"Así que celebremos la fiesta, no con la vieja levadura, ni con la levadura de **malicia y de maldad**, sino con panes sin levadura, de sinceridad y de verdad."* 1 Corintios 5:8

Como lo mencionamos anteriormente, la masa nueva es la **sinceridad y la verdad**, y la levadura es la maldad. ¿Cómo podemos estar libres de la levadura? Pablo dice: *"Porque nuestra pascua, que es Cristo, ya fue sacrificada por nosotros."* No hay razón para tener todavía levadura de maldad dentro del corazón, Cristo ya murió por todos y quitó nuestros pecados, y aún sigue vigente su sangre. *"…Él es fiel y justo para perdonar nuestros pecados, y limpiarnos de toda maldad."* 1 Juan1:9

36 Soy Labranza de Dios

"…vosotros sois labranza de Dios…"
1 Corintios 3:9

Toda labranza involucra varios factores, entre ellos: tierra, siembra, riego, crecimiento y fruto. La tierra somos nosotros, es nuestro corazón. La plantación la hicieron quienes nos evangelizaron, el riego lo hicieron quienes nos edificaron, el crecimiento lo da el Señor y el fruto es la consecuencia de todo lo anterior; pero, fundamentalmente, depende de las actitudes que toma el corazón del hombre.

Por eso, el Espíritu Santo consigna estas amonestantes palabras: *"Porque la tierra que bebe la lluvia que muchas veces cae sobre ella, y produce hierba provechosa a aquellos por los cuales es labrada, recibe bendición de Dios; pero la que produce espinos y abrojos es reprobada, está próxima a ser maldecida, y su fin es el ser quemada."* Hebreos 6:7, 8

Aquí la responsabilidad es de la "buena tierra", no de quienes la labran; no del riego, porque hay lluvia; no de la siembra, porque es capaz de dar "hierba provechosa", sino del corazón.

Pudo habernos plantado en la fe el propio Pablo, y habernos regado el elocuente Apolos, pero de nada valdrá eso si el corazón, que depende de nuestra responsabilidad, está endurecido o mezclado con espinas de incredulidad y rebelión. Si somos labranzas de Dios, verdaderamente, el Espíritu de Dios hallará cabida en él y la semilla de su llenura dará fruto al ciento por ciento.

37 Soy Libre de Esclavitud

"...si el hijo os libertare, seréies verdaderamente libres." Juan 8:36

Libre de todo peso de pecado, libre de condenación, libre de culpabilidad, libre de cargas que el hombre y a veces tú propia mente te coloca. Eres hecho hijo libre por Cristo, de manera que nadie, ni tú mismo te quites esa libertad tan anhelada por todo ser humano. Cristo dijo que bautizaría en Espíritu y fuego; y donde está su espíritu hay libertad.

Hay personas que son esclavas de quien las venció, y otras esclavas de corrupción (2 Pedro 2:19), otras esclavas de los hombres; algunas esclavas del pecado y de la muerte, otras esclavas de doctrinas de hombres, pero...

"Estad, pues, firmes en la libertad con que Cristo nos hizo libres, y no estéis otra vez sujetos al yugo de esclavitud." Gálatas 5:1

38 Soy Rico en Entendimiento

"Pero sabemos que el Hijo de Dios ha venido, y nos ha dado entendimiento para conocer al que es verdadero; y estamos en el verdadero, en su Hijo Jesucristo. Este es el verdadero Dios, y la vida eterna." 1 Juan 5:20

Cuando sabes que eres rico espiritualmente en Cristo, eso denota el saber y entender que estás en el verdadero. Sabes que sabes, no sólo quién eres, sino que estás en la verdad.

¿Por qué muchos dudan, entonces, de su salvación?

Porque no les ha amanecido la luz de la esperanza; y el que duda, es como la onda del mar. Por eso, Dios en su inmensa misericordia te da las riquezas de su gracia para capacitarte, para que disfrutes del pleno conocimiento que está preparado para ti ¡recibe este don de Dios!

*"...hasta alcanzar todas las **riquezas** de pleno entendimiento, a fin de conocer el*

> *misterio de Dios el Padre, y de Cristo; en quien están escondidos todos los tesoros de sabiduría y conocimiento." Colosenses 2:2, 3*

Para Dios, estas riquezas son más valiosas que el dinero, piedras preciosas o el oro mismo. Pablo aquí habla de las riquezas del pleno conocimiento; y precisamente, la voluntad de Dios, para el que cree, es que reciba más de su conocimiento para entender sus misterios.

Recibir la revelación del evangelio, que es la salvación, dice Pablo en Colosenses 1:27 que es recibir las riquezas de su gloria. ¡Cuánto falta aún por conocer y aprender! ¡Busca de estas riquezas porque no tienen fin! Pablo, además de hablar de la revelación de la salvación como una riqueza, también habla de las inescrutables riquezas de Cristo, que son las que están guardadas para sus amados, y tú eres amado por el Padre, ¡para ti son estas riquezas! No dejes que el entretenimiento de esta vida te robe la oportunidad de recibirlas.

39 Soy Linaje Escogido

> *"Y si vosotros sois de Cristo, ciertamente linaje de Abraham sois, y herederos según la promesa."* Gálatas 3:29

Cuando pensamos en linaje, pensamos en la religión judía y nos llega la duda. Pero Pedro no se estaba refiriendo al pueblo Israelita, sino a los llamados por Cristo. El verdadero hijo de Dios es linaje de Abraham, aquel que creyó y le fue contado por justicia.

> *"Mas vosotros sois linaje escogido... pueblo adquirido por Dios, para que anunciéis las virtudes de aquel que os llamó de las tinieblas a su luz admirable...."* 1 Pedro 2:9

El Apóstol Pedro había entendido bien este misterio, cada redimido entra por la fe a la gran familia de Dios y a ser participante de un linaje santo y escogido. Este es otro de los grandes privilegios que se tiene al ser de Cristo, ser también integrado al linaje divino ¿Quién podrá robarte las bendiciones si eres linaje directo del Rey de reyes? Ríete de toda condenación. ¡Eres linaje del Rey!

> *"Porque en Él vivimos, y nos movemos, y somos; como algunos de vuestros propios poetas también han dicho: porque linaje suyo somos. Siendo, pues, linaje de Dios..."* Hechos 17:28, 29

Si dudas, reclama la promesa y amplía tu fe; para esto, observa cómo creía el Apóstol Pablo y en qué estaba basado su apostolado… en la gracia de Cristo.

*"Pablo, siervo de Jesucristo, llamado a ser apóstol, apartado para el evangelio de Dios, que él había prometido antes por sus profetas en las santas Escrituras, acerca de su Hijo, nuestro Señor Jesucristo, que **era del linaje de David según la carne**, que fue declarado Hijo de Dios con poder, según el Espíritu de santidad, por la resurrección de entre los muertos, y por **quien recibimos la gracia y el apostolado**, para la obediencia a la fe en todas las naciones por amor de su nombre…" Romanos 1:1-5*

40 Soy Real Sacerdocio

"Mas vosotros sois… REAL SACERDOCIO,… pueblo adquirido por Dios, para que anunciéis las virtudes de aquel que os llamó de las tinieblas a su luz admirable..."
1 Pedro 2:9

El ser linaje escogido te hace participante de una sangre real, es decir, si pertenecemos a la estirpe de Cristo, somos pertenecientes a la progenie o raza de reyes. Esa virtud nos la concedió Cristo: ser parte de la realeza y del sacerdocio Divino.

Al ser sacerdote escogido, tus hijos heredarán las promesas como los hijos de Aarón, que fueron escogidos por Dios para servirle eternamente frente al altar de su presencia.

"Y nos has hecho para nuestro Dios reyes y sacerdotes, y reinaremos sobre la tierra."
Apocalipsis 5:10

41 Soy Colaborador en la Edificación

"Porque nosotros somos colaboradores de Dios, y vosotros... edificio de Dios."
1 Corintios 3:9

Pablo identifica a cada servidor de Cristo como colaborador de Dios en la labor de edificar su Iglesia. En este pasaje, muestra a la Iglesia como un gran edificio y a cada uno de los trabajadores como los que lo edifican; dentro de los que se encuentran cada uno de los cinco ministerios y los obreros, quienes trabajan cimentando la fe en cada corazón.

Pablo exhorta a cada colaborador de Cristo a reconsiderar si su obra es correcta, si se está edificando sobre el verdadero cimiento que es Cristo, la piedra de fundamento, para la edificación de los santos. Cristo es el que se sentará para juzgar la obra de cada colaborador y dar a cada uno conforme haya edificado.

"...la obra de cada uno se hará manifiesta; porque el día la declarará, pues por el fuego será revelada; y la obra de cada uno cuál sea, el fuego la probará. Si permaneciere la obra de alguno que sobreedificó, recibirá recompensa." 1 Corintios 3:13,14

42 Soy Edificio de Dios

"Porque nosotros somos colaboradores de Dios y vosotros... edificio de Dios." 1 Corintios 3:9

Los miembros de la Iglesia son el edificio en sí. Pablo compara un edificio con un cuerpo. Cada miembro del cuerpo de Cristo compone el edificio de Dios. Es su voluntad que su "edificio" se desarrolle y crezca hasta llegar a ser un varón perfecto en conocimiento, en unidad y en plenitud de fe. Leamos lo que dice en Efesios.

"... hasta que todos lleguemos a la unidad de la fe y del conocimiento del Hijo de Dios, a un varón perfecto, a la medida de la estatura de la plenitud de Cristo; para que ya no seamos niños fluctuantes, llevados por doquiera de todo viento de doctrina, por estratagema de hombres que para engañar emplean con astucia las artimañas del error, sino que siguiendo la verdad en amor, crezcamos en todo en aquel que es la cabeza, esto es, Cristo, de quien todo el cuerpo, bien concertado y unido entre sí por todas las coyunturas que se ayudan mutuamente, según la actividad propia de cada miembro, recibe su crecimiento para ir edificándose en amor." Efesios 4:13-16

43 Soy Columna en el Templo de mi Dios

"...para que si tardo, sepas cómo debes conducirte en la casa de Dios, que es la

iglesia del Dios viviente, columna y baluarte de la verdad." 1 Timoteo 3:15

Este gran edificio tiene columnas que son grandes pilares; hombres de Dios que sostienen con sus testimonios los valores y la sana doctrina. Si eres un colaborador y estás edificando la Iglesia de Jesucristo sirviéndole con fidelidad, serás columna y baluarte de la verdad. Cristo dijo que era la verdad, y se requiere que cada servidor sea también un ejemplo de la misma. La palabra "baluarte" significa **apoyo, sujeción.** Denota **firmeza.** Cada servidor debe ser un apoyo y un asiento firme en este gran edificio que es la Iglesia de Jesucristo. Si Dios te llama a edificar, a ser su templo o ser una gran columna, serás también partícipe de la gloria venidera, porque su obra permanecerá por los siglos de los siglos. Siéntete partícipe de esta gran obra y edifica con amor, como Cristo lo hizo; y recuerda que de Él recibirás la recompensa.

*"Al que venciere, yo lo haré **columna en el templo de mi Dios**, y nunca más saldrá de allí; y escribiré sobre él el nombre de mi Dios, y el nombre de la ciudad de mi Dios, la nueva Jerusalén, la cual desciende del cielo, de mi Dios, y mi nombre nuevo."*
Apocalipsis 3:12

44 Soy Templo del Espíritu Santo

"¿No sabéis que sois templo de Dios, y que el Espíritu de Dios mora en vosotros?"
1 Corintios 3:16

Si somos parte del gran edificio, Pablo especifica a los corintios que este edificio no es nada menos y nada más que el gran templo en el cual el Espíritu Santo de Dios mora. Este es un gran privilegio que cada uno debe entender con la altura y la magnificencia del llamado divino. El Espíritu Santo es lo más puro y poderoso; a la vez que existe en todo el universo hasta el tercer cielo. Fue y es la vida, la mano y la acción junto a la voz del creador. Es la potencia de su acción y la vida de todo lo creado. Si esta potencia vive dentro de ti, ¿acaso no crees que tienes lo más grande de la vida? ¿No es un privilegio ser portador de su gloria? Si eres templo de Dios es para que su gloria te llene y su presencia esté en ti.

El Espíritu de Dios fue el que resucitó a Cristo de entre los muertos, el Espíritu de Dios fue el que llenó a los discípulos del poder /*dunamis*/, la gran dinamita en acción en el principio de la era de la Iglesia. Si eres templo del Espíritu Santo, serás lleno de todo conocimiento y sabiduría.

"Y si el Espíritu de aquel que levantó de los muertos a Jesús mora en vosotros... vivificará también vuestros cuerpos mortales por su Espíritu..." Romanos 8:11

¡Entra en razón y vive a la altura de ser templo del Espíritu Santo!

45 Soy un Ser que Está Cubierto con la Sombra de su Mano

"Porque has sido mi socorro, y así en la sombra de tus alas me regocijaré. Está mi alma apegada a ti; Tu diestra me ha sostenido." Salmo 63:7, 8

La cubierta de Dios es protección, refugio y seguridad. La idea de "sombra de su mano" refleja grandeza y omnipotencia de parte de Dios. Dios es tan grande al lado del hombre que su amor hacia él hace que lo guarde dentro de su misma grandeza. El mismo que le prometió libertad a Israel es el mismo que te dice hoy: "sigo siendo *tu sombra a tu mano derecha.*" *Salmo 121:5* Significa el que te guarda y te prospera en todo lo que emprendas y toques.

"...me cubrió con la sombra de su mano; y me puso por saeta bruñida, me guardó en su aljaba. Isaías 49:2

La cobertura del amor de Dios es tan grande que se compara con el cuidado de un ave a sus polluelos.

"Como el águila que excita su nidada, revolotea sobre sus pollos, extiende sus alas, los toma, los lleva sobre sus plumas, Jehová solo le guió, y con Él no hubo dios extraño." Deuteronomio 32:11, 12

46 Soy Sanado por la Fe en Cristo

Era tanta la gracia que expandía el Señor, que la gente podía ser sanada con sólo tocar el borde de su manto. De esta forma, ocurrió con la mujer enferma de flujo de sangre (Mateo 9:20-22), y con una multitud en Genesaret (Mateo14:36). ¡Qué maravilloso el ministerio de Cristo! Así como en el tiempo que Jesús estuvo aquí en la tierra, hoy día también lo que importa es sólo tocarle a Él.

Aquellos que tenían enfermedades corrían a él y eran sanados para que se cumpliesen las palabras del profeta: *"Él mismo tomó nuestras enfermedades, y llevó nuestras dolencias."* La sociedad fue favorecida por su poder: los leprosos, los endemoniados de Gadara, los ciegos que estaban junto al camino; los afligidos por largas y penosas enfermedades, como el hombre de la mano seca y el muchacho lunático. ¡Cuánto amor derramado en gracia abundante! Él ha prometido que al que cree todo le es posible. La sanidad es un regalo igual que cada beneficio recibido de Dios a través de Jesucristo; por lo que todos debemos decir: "Soy sano en Cristo por la fe".

47 Soy Trigo en Medio de Cizaña

"...pero mientras dormían los hombres, vino su enemigo y sembró cizaña entre el trigo, y se fue." Mateo 13:25

La Iglesia está llamada a ser trigo en medio de la cizaña; Dios dijo que estamos en el mundo, pero que no somos del mundo. La cizaña es como los espinos, crece como hierva mala que sólo sirve para el fuego. Los espinos representan los hijos de los malvados (hijos de perversión en el Antiguo Testamento), mientras que los escogidos dan perfume y dan color en medio de la vida hostil como flor bella y delicada en medio de espinos. En la parábola del trigo y la cizaña, el Señor mismo enseñaba cómo el malvado, de noche, siembra la semilla de maldad en medio del campo del Señor. Es necesario que todo esto acontezca, no obstante, Jesús dijo que al final del siglo los suyos serán reunidos como el trigo en grandes manojos, y la paja, la hierva mala, será puesta aparte para ser quemada.

"Como el lirio entre los espinos, así es mi amiga entre las doncellas." Cantares 2:2

Salomón, quien representa el novio (Jesucristo), en su desposorio, ve a su amada, quien representa la iglesia, hermosa y distinguida entre las muchas jóvenes. Cada hijo escogido por Dios es "lirio entre los espinos". Los espinos son todos aquellos que, por el pecado que reina en su corazón, siempre están hiriendo a los demás; nadie se puede acercar a ellos sin salir herido.

No importa en qué lugar o circunstancias te muevas, siempre debes ser trigo lleno de buenos frutos en medio de los inconversos, para que éstos viendo tu testimonio glorifiquen al Dios del cielo.

48 Soy Hijo de Consolación

"...el cual nos consuela en todas nuestras tribulaciones, para que podamos también nosotros consolar a los que están en cualquier tribulación, por medio de la consolación con que nosotros somos consolados por Dios."2 Corintios 1:4

El consuelo es el ministerio específico del Espíritu Santo. Su trato hacia el hombre redimido es ayudarlo en su congoja y consolar su corazón. Jesús mismo dijo: *"bienaventurado los que lloran porque serán consolados"*.

Al ser partícipes del que nos consuela, nos convertimos en instrumentos de consolación para los demás. Somos consolados y debemos consolar a otros para su gloria y honra.

49 Soy Renovado Día a Día

*"Por tanto, no desmayamos; antes aunque este nuestro hombre exterior se va desgastando, el interior no obstante se **renueva** de día en día." 2 Corintios 4:16*

El Apóstol Pablo habla de un desgaste físico, pero de un renovar interior, porque cada hijo de Dios tiene la palabra fiel y verdadera que lo sostiene y lo renueva. Este "hombre interior" se mantiene en Cristo renovándose día a día por la fe.

Esta promesa es fiel y se debe creer tal como está escrita. Dice el Salmo 119: 25 *"...vivifícame según tu Palabra"*. La raíz de vivificar es /jayah/, que significa "vivir", denota "tener vida" y se refiere más que a la existencia humana. Isaías 57:15 dice:

"Porque así dijo el Alto y Sublime, el que habita la eternidad, y cuyo nombre es el Santo: Yo habito en la altura y la santidad, y con el quebrantado y humilde de espíritu,

*para **hacer vivir** el espíritu de los humildes, **y** **para vivificar** el corazón de los quebrantados."*

Cuando tú tienes la vida de Dios, Dios sopla de su vida y te fortalece interiormente, vivifica tu espíritu y tu corazón. No es suficiente ingerir alimentos para fortalecer tu cuerpo, sino, también, hay que tener en cuenta el alimento espiritual. Jesús dijo: "no sólo de pan vivirá el hombre, sino de toda Palabra que sale de la boca de Dios". La Palabra sustenta y renueva tu hombre interior haciendo de la promesa bíblica una realidad en tu vida por la fe.

*"… los que esperan a Jehová tendrán nuevas fuerzas; levantarán **alas como las águilas**; correrán, y no se cansarán; caminarán, y no se fatigarán." Isaías 40:31*

Las nuevas fuerzas que obtienen los creyentes se pueden comparar con el renovar del águila. Cada 50 años el águila adulta renueva sus plumas para ser más ágil en sus vuelos. Ella cambia de plumaje y adquiere una nueva vitalidad para volar; de esta manera, puede subir nuevamente a las alturas para divisar bien su presa. También, se encierra por un tiempo para limar y acortar su pico encorvado e inútil que le impide comer adecuadamente.

Cree y recibe el renovar de la palabra de Dios en tu interior, y reclama esa promesa porque es para ti.

50 Soy un Ser que Está Revestido

*"No mintáis los unos a los otros, habiéndoos despojado del viejo hombre con sus hechos, **y revestido del nuevo**, el cual conforme a la imagen del que lo creó se va renovando hasta el conocimiento pleno, donde no hay…, siervo ni libre, sino que Cristo es el todo, y en todos. **Vestíos**, pues, como escogidos de Dios, santos y amados, de entrañable misericordia, de benignidad, de humildad, de mansedumbre, de paciencia…" Colosenses 3:9-12*

*"Porque todos los que habéis sido bautizados en Cristo, de Cristo estáis **revestidos**." Gálatas 3:27*

Esta promesa casi se hace como una orden, cada creyente tiene que estar revestido del nuevo hombre en Cristo dejando por completo las viejas vestiduras de pecado. Estar vestido y revestido nos habla de un nuevo ropaje, una nueva presentación, una nueva dignidad. Sin Cristo, vestíamos harapos espirituales de pecado y contaminación. Ahora, Cristo nos ha revestido de poder y con una vestidura nueva: la del amor, la del gozo y la del poder. El salmo 30:11,12 dice: "...*me ceñiste de alegría. Por tanto, a ti cantaré, gloria mía...*". Isaías 61:3 habla que fue ordenado que se les diera: "...*manto de alegría en lugar del espíritu angustiado...*"a los afligidos.

Este vestido nuevo se ve en el mundo espiritual, por lo que el enemigo reconoce si aún tienes harapos o si haz cambiado tu tristeza en danza; tus harapos en manto de alegría. Revístete del fruto del Espíritu y ¡comienza a gozarte de tu vida nueva!

51 Soy Siervo Honrado por mi Padre Celestial

> *"Si alguno me sirve, sígame; y donde yo estuviere, allí también estará mi servidor. Si alguno me sirviere, mi Padre le honrará."*
> Juan 12:26

> *"Tu siervo soy yo..."* Salmo 119:125

Pablo, Pedro y todos los apóstoles al encabezar las cartas se titulaban como siervos de Jesucristo. Siervo es más que un título o una expresión. Es el sentir de un corazón entregado incondicionalmente al servicio de Dios. Siervo denota servir. Somos llamados a servir a Dios con todas las fuerzas y alegría. Aun los grandes libertadores fueron llamados siervos; es una palabra que muestra humildad en el servicio activo.

> *"Y Moisés a la verdad fue fiel en toda la casa de Dios, como siervo, para testimonio de lo que se iba a decir; pero Cristo como hijo sobre su casa, la cual casa somos nosotros, si retenemos firme hasta el fin la confianza y el gloriarnos en la esperanza."* Hebreos 3:5, 6

Jesús nos dejó ejemplo de esto, por eso, debemos ser siervos fieles en Cristo, para ser honrados y reconocidos por nuestro Padre Celestial.

52 Soy más que Vencedor

"Antes, en todas estas cosas somos más que vencedores por medio de aquel que nos amó." Romanos 8:37

Hay una batalla espiritual y no puedes ignorarla, pero, de la misma manera que existe, tienes la garantía de obtener la ¡victoria! Ser un vencedor en Cristo es una gran promesa que no puedes desconocer. No importa las circunstancias que atravieses, Cristo prometió darte la victoria y la salida en cada situación adversa.

El ser victorioso no anula las luchas, por el contrario, hay que pasar por adversidades y contradicciones para saber que, de todas ellas, Cristo te hace triunfador. A más grande el problema, más grande será la victoria.

¿Quién te puede separar del amor de Cristo? ¿Las luchas, las pruebas? ¿Su gracia no es mayor que todo lo que puedas pasar por causa de su Nombre?

La palabra *"más que vencedores"* denota "conseguir una magna victoria". Jesús habló que confiáramos en Él, porque ya había vencido al mundo (Juan 16:33), y no sólo al mundo, sino a Satanás en la cruz.

Por Cristo, tú y yo somos más que vencedores. La palabra "más" nos indica que recibimos la victoria a todos nuestros problemas y a toda circunstancia adversa como algo sobrenatural y no de procedencia humana. Gracias a la victoria obtenida por Cristo, ¡somos más que vencedores de toda batalla espiritual!

53 Soy Testigo Ocular de Su Poder

Pablo fue llamado: Testigo de lo revelado

> "Pero levántate, y ponte sobre tus pies; porque para esto he aparecido a ti, para ponerte por ministro **y testigo de las cosas que has visto**, y de aquellas en que me apareceré a ti..." Hechos 26:16

Cada uno de los escogidos son testigos del poder de Dios. No podemos negarlo ni despreciar esta comisión. La palabra testigo denota **dar testimonio**.

Ser testigo es estar presente en el lugar de los hechos y verlo con nuestros propios ojos. Por esto, Pedro testificaba que era testigo ocular, no obstante, otros escribieron que habían palpado con sus manos lo concerniente al hijo de Dios.

Isaías lo profetiza diciendo:

*"Vosotros sois **mis testigos**, dice Jehová, y mi siervo que yo escogí, para que me conozcáis y creáis, y entendáis que yo mismo soy; antes de mí no fue formado dios, ni lo será después de mí. Yo, yo Jehová, y fuera de mí no hay quien salve. Yo anuncié, y salvé, e hice oír, y no hubo entre vosotros dios ajeno. Vosotros, **pues, sois mis testigos**, dice Jehová, que yo soy Dios." Isaías 43:10-12*

Dios nunca te llamará a ser testigo de algo que no experimentes o palpes. Cada testigo llamado a dar testimonio es porque Dios mismo le revelará y le hará entender por experiencia propia su poder. Juan, el Apóstol amado, fue testigo ocular de los padecimientos de Cristo, pero, también, Dios le permitió ver la gloria del Señor en tiempo futuro. Dios es el que llama y el que testifica a nuestros corazones acerca de la verdad.

> *"...yo anciano también con ellos, y testigo de los padecimientos de Cristo, que soy también participante de la gloria que será revelada..."* 1Pedro 5:1

Muchos son los que se avergüenzan de Cristo y de su Palabra. Todo aquel que ha experimentado sus milagros y su gran favor es testigo y no puede negar las maravillas de su Poder. El Señor ama a sus testigos, a aquellos que han sido escogidos para dar testimonio de Él y de sus obras maravillosas. Ser testigo del poder de Dios te hace estar en gran estima ante Sus ojos. Sus testigos día a día verán más y más de su gloria, a ellos se les revelará los misterios de Dios escondidos para los tiempos finales. ¡Siéntete regocijado de ser llamado testigo del poder de Dios!

54 Soy Fuerte en Él

> *"Por lo cual, por amor a Cristo me gozo en las debilidades, en afrentas, en necesidades, en persecuciones, en angustias; porque cuando soy débil, entonces soy fuerte."*
> 2 Corintios 12:10

La fortaleza que se habla en este texto es espiritual. Para recibir la virtud de la fortaleza de Dios, simplemente debes reconocer la insuficiencia humana para exaltar la grandeza de Dios en ti. Una vez más se ve la gracia de su amor reflejada en la insuficiencia humana; para que la gloria sea siempre para Él.

Pablo tuvo que ser extremadamente probado en su debilidad física para que el poder de Dios y su gracia se hicieran fuertes en él. *"Bástate mi gracia; porque mi poder se perfecciona en la debilidad"*, le fue dicho. Pues, anteriormente, en sus fuerzas, había emprendido muchas cosas, y a causa de su preparación intelectual se sentía humanamente hábil y capaz de lograr lo que se propusiera. Entonces, Dios, por su amor, tuvo que bregar en esa área de su carácter humillándole hasta que se sintiera físicamente débil, para que la excelencia en todos los actos de su vida fueran para glorificar sólo a Dios.

El profeta Joel fue uno de los profetas del Antiguo Testamento que anunció la guerra final de los últimos tiempos, y nombra en forma específica: "*...diga el débil: Fuerte soy*" (Joel 3:10). Aun en la batalla espiritual cada persona debe saber que su fortaleza es el nombre de Dios, aunque su presencia y su conquista ya estén garantizadas. El Señor se gloria en la debilidad del hombre para que su gloria nunca le sea quitada.

Lo que eres se lo debes a Él, lo que serás también. Si a veces te sientes débil, glorifícale a Él, porque en Cristo eres fuerte.

55 Soy de la Verdad

"Y en esto conocemos que somos de la verdad, y aseguraremos nuestros corazones delante de él..." 1 Juan 3:19

Jesucristo expresó que Él era la verdad, si Él es la verdad, cada uno de sus seguidores anda en la verdad y será de la verdad. El espíritu contrario a la verdad es lo falso, la mentira, el fraude, lo que no tiene peso ni valor. Estar en la verdad y caminar en ella es un estado de creer, vivir y reflejar. Si eres de Cristo reflejas la verdad, y nadie puede avergonzarse de lo verdadero.

El Espíritu de Dios que es el Espíritu de vedad da testimonio a nuestro corazón de que estamos en la verdad. Ninguna persona que tiene el Espíritu Santo puede dudar de su vida espiritual y de su llamado. El que anda en la verdad anda en la luz y es hijo de luz.

Hoy día, el mundo anda en tinieblas; el fraude, la estafa y la mentira son el pan de cada día. Tú eres un testimonio vivo de lo verdadero con tus hechos y palabras.

La palabra verdad, en griego, es /aletheira/, y significa: "la realidad que se encuentra en la base de la apariencia, la esencia manifestada y veraz de algo". La verdad de Dios revelada en Romanos 15:8 indica su fidelidad en el cumplimiento de sus promesas.

*"Pues os digo, que Cristo Jesús vino a ser siervo... para mostrar la **verdad de Dios**, para confirmar las promesas hechas a los padres..."*

Jesucristo fue testigo de la verdad de Dios, y de igual manera, tu debes creer con todo tu corazón, sin dudar, en este mismo ministerio y anunciarlo sin titubear, porque el evangelio es la verdad de Dios. Nunca dudes del evangelio, porque es poder de Dios para salvación. Pues, Dios castigará a todos aquellos que niegan la eficacia de la verdad de su evangelio.

"Porque la ira de Dios se revela desde el cielo contra toda impiedad e injusticia de los hombres que detienen con injusticia la verdad…" Romanos 1:18

Siéntete privilegiado de haber recibido la luz de la verdad.

*"…antes bien, nos recomendamos en todo como ministros de Dios, en mucha paciencia, en tribulaciones… en amor sincero, en **palabra de verdad**, en poder de Dios, con armas de justicia a diestra y a siniestra…como engañadores, **pero veraces.**"* 2 Corintios 6:4-8

56 Soy el que Hablo la Palabra de Dios en Su Verdad y Sinceridad

*"Pues no somos como muchos, que medran falsificando la palabra de Dios, sino que con

sinceridad, como de parte de Dios, y delante de Dios, hablamos en Cristo." 2 Corintios 2:17

Se debe entender que la Palabra de Dios debe ser ministrada por medio de la revelación de la verdad que contiene la misma. Dios es un Dios de verdad, Cristo es la verdad y el Espíritu Santo es el Espíritu de la verdad.

Uno de los ministerios del Espíritu Santo es guiarnos a toda verdad, motivo por el cual Él ha estado, está y estará con cada creyente a lo largo de la historia de la redención como la fuente de verdad, de fe y de vida; el hombre no puede conocer la verdad de Dios lejos de Él.

"Pero cuando venga el Espíritu de verdad, Él os guiará a toda la verdad; porque no hablará por su propia cuenta, sino que hablará todo lo que oyere, y os hará saber las cosas que habrán de venir." Juan 16:13

Este texto se refiere a toda a la revelación sobrenatural de la verdad mediante la cual Dios se reveló en Cristo; este es el tema de los escritos inspirados del Nuevo Testamento.

La santificación sólo se alcanza por medio de la verdad, que es la revelación dada por el Hijo acerca de todo lo que el Padre le mandó comunicar y que, ahora, está contenida en las Escrituras dejadas por los apóstoles.

La obra de Dios siempre se basa en la verdad. Ningún creyente puede ser instrumento adecuado para ser usado por el Señor si no está impregnado de la verdad y la proclama continuamente.

57 Soy Hijo del Día

*"Porque todos vosotros sois hijos de luz e hijos del día; no somos de la noche ni de las tinieblas. Por tanto, no durmamos como los demás, sino velemos y seamos sobrios. Pues los que duermen, de noche duermen, y los que se embriagan, de noche se embriagan. Pero **nosotros, que somos del día**, seamos sobrios, habiéndonos vestido con la coraza de fe y de amor, y con la esperanza de salvación como yelmo."*
1 Tesalonicenses 5:5-8

Ser hijo del día es ser hijo de la luz, tener discernimiento de los tiempos en que se vive y no ignorar las cosas espirituales. Ser hijos del día representa estar iluminados con la revelación de la verdad.

Hay muchas ventajas de ser hijos del día, y es que no nos sorprenderá la venida gloriosa del Señor, porque dice la palabra que el ladrón viene en la noche y sorprende porque en la noche se duerme, más los que son hijos del día nunca serán sorprendidos porque "no duermen" sino que velan. Los hijos del día velan, oran y están apercibidos de todo lo que acontece.

Los creyentes han sido librados del dominio de las tinieblas, del pecado y de toda ignorancia; siendo trasladados y establecidos en la luz de Dios. Al estar en luz no se puede dormir en la actitud de la indiferencia espiritual, sino que hay que mantenerse vigilantes y en estado de alerta sobre todo aquello espiritual que rodea a los humanos.

58 Soy la Iglesia, Cuerpo de Cristo

"...porque somos miembros de su cuerpo, de su carne y de sus huesos. Por esto dejará el hombre a su padre y a su madre, y se unirá a su mujer, y los dos serán una sola carne. Grande es este misterio; mas yo digo esto respecto de Cristo y de la iglesia."
Efesios 5:30-32

La revelación acerca de la unión matrimonial es símbolo de la unión de la Iglesia con Cristo. Este era un misterio escondido hasta que el Apóstol Pablo, por revelación directa de Dios, lo enseñó.

El misterio de Cristo y la iglesia es un tema maravilloso. Es un gran privilegio ser un miembro del glorioso Cuerpo de Jesucristo junto a otros creyentes, como iglesia, unidos en un mismo espíritu al Señor. Si estás integrado en el cuerpo y eres miembro activo, tienes la vida de Cristo en ti y esta vida te conduce a participar de la naturaleza divina.

Aparte de eso, Pablo se refiere al simbolismo de que si se pertenece al cuerpo de Cristo, que es su Iglesia, se obtiene el privilegio de ser "la novia del cordero".

"Maridos, amad a vuestras mujeres, como Cristo amó a la iglesia, y se entregó a sí mismo por ella…". Efesios 5:25

Este es un misterio dado a la iglesia que muchos aún no entienden. Cristo es el novio que viene en busca de su novia (la iglesia), para llevársela y estar siempre con ella.

El Señor se encarga de proveer para su Iglesia todo aquello que le ha prometido, porque la ama y ella está unida a Él en una forma íntima e inseparable. La Iglesia le agradece ese amor infinito ofreciéndole una continua expresión de gratitud, alabándole y adorándole en amor y fidelidad.

El matrimonio es un reflejo del misterio de unión entre Cristo y su Iglesia, algo que fue desconocido por completo hasta el Nuevo Testamento. En esta misma forma, es el verdadero y santo matrimonio, los esposos se convierten en uno. Si el esposo cuida de su esposa, se cuida a sí mismo, y si la ama, honra al Dios que lo creo.

Este misterio te hace partícipe del cuerpo de Cristo y ser uno con Él. Jesucristo es la cabeza y la Iglesia su cuerpo.

Sacamos esta conclusión: eres sus manos, eres sus pies, por eso, tienes que honrar a Dios con tu vida; porque eres parte del cuerpo glorioso de Cristo Jesús, Señor nuestro. ERES UNO CON ÉL.

59 Soy de los que Preservan el Alma y no Retroceden

"Pero nosotros no somos de los que retroceden para perdición, sino de los que tienen fe para preservación del alma."
Hebreos 10:39

Jesucristo mismo dijo que el que pone la mano en el arado y mira para atrás no es digno de Él (Lucas 9:62). Los hijos de Dios caminan por fe y para fe, y saben poner los ojos en el autor y consumador de su fe.

En Cristo, tú puedes ser de los que *no* retroceden, de los que no miran atrás para arrepentirse del camino que han escogido, porque el camino es el verdadero y Dios es un Dios fiel para los que le aman. Pablo habló que la vida cristiana es una carrera que se está haciendo, y llegar a recibir el premio es la meta gloriosa. Por eso, en las carreras no se retrocede ni se mira para atrás. Los valientes toman las promesas y las adquieren. Tu eres llamado a ser de los siguen con fe hasta obtener lo prometido por Jesús.

60 Soy un Ser Reconciliado con Dios

"Y no sólo esto, sino que también nos gloriamos en Dios por el Señor nuestro Jesucristo, por quien hemos recibido ahora la reconciliación." Romanos 5:11

La reconciliación con Dios es parte de su gracia Divina. Éramos, por naturaleza, hijos de ira, hijos de desobediencia, y Dios, con su amor infinito, quiso que nos reconciliáramos con Él a través de la obra gloriosa de Cristo en la cruz.

¿Qué diremos de la más grande de sus obras, sin la cual las demás no hubiesen bastado para redimir a los hombres y sacarlos de la condenación? ¡Su muerte en la cruz, el justo por los injustos para reconciliarnos con Dios, y aún más, con todas las cosas! Esta es una obra de tan vastos alcances que, en la era presente, no estamos en condiciones de percibirla exactamente.

> *"Y a vosotros también, que erais en otro tiempo extraños y enemigos en vuestra mente, haciendo malas obras, **ahora os ha reconciliado** en su cuerpo de carne, por medio de la muerte, para presentaros santos y sin mancha e irreprensibles delante de Él; si en verdad permanecéis fundados y firmes en la fe, y sin moveros de la esperanza del evangelio que habéis oído, el cual se predica en toda la creación que está debajo del cielo..." Colosenses 1:21-22*

La palabra **reconciliación** significa: traer algo nuevamente a un estado de armonía. Esta promesa de reconciliación tiene condición cuando involucra la palabra "si", y seguidamente, la da a conocer, que es permanecer firme y sin moverse de los caminos de Dios.

> *"Y todo esto proviene de Dios, quien nos reconcilió consigo mismo por Cristo, y nos dio el ministerio de la reconciliación; que Dios estaba en Cristo reconciliando consigo al*

mundo, no tomándoles en cuenta a los hombres sus pecados, y nos encargó a nosotros la palabra de la reconciliación."2 Corintios 5:18

La obra de la reconciliación nos lleva a ser embajadores divinos de esta obra excelsa.

61 Soy Bendecido Sentado en Lugares Celestiales con Cristo

"Bendito sea el Dios y Padre de nuestro Señor Jesucristo, que nos bendijo con toda bendición espiritual en los lugares celestiales en Cristo." Efesios 1:3

La voluntad del Padre Celestial es que toda verdad del cielo sea parte de nuestro caminar diario, no en la eternidad, sino ahora. Si lo has recibido, es ahora que estás sentado en lugares celestiales con Cristo. Por tal motivo, hoy debes disfrutar de las bendiciones que Dios ha determinado en Su Palabra para ti. No obstante, estas bendiciones pueden seguir siendo un concepto teológico o teórico en tu mente, si así lo decides, mas tienen que convertirse en una realidad experimental en tu vida personal.

Debes ser conciente de que si has recibido a Jesús como Señor y Salvador de tu vida aceptando que Él viva dentro de ti, qué testimonio le estás dando a los que te rodean que garantice que, verdaderamente, al despertar cada mañana Cristo está viviendo dentro de ti.

El dio su vida para quebrar los muros de la separación, estar cerca de ti y tener comunión contigo continuamente; aun cuando estés durmiendo. Todos los recursos espirituales están a tu disposición, toda la autoridad de Cristo sobre el mal están a tu disposición; la iglesia está sentada junto al Señor para juntos confundir todos los poderes de maldad.

Pablo dice que la razón por la cual Dios te hace sentar juntamente con Cristo es para mostrar, en los siglos venideros, las abundantes riquezas de su gracia para con nosotros. Por consiguiente, debes ver en tu vida cotidiana que Dios está contigo.

Cada mañana al despertar te puedes levantar de dos maneras:

1. Quejándote de la vida, del trabajo; teniendo una actitud incorrecta

2. Alabado y dando gloria a Cristo y al Espíritu Santo por bendecir tu día; teniendo una actitud correcta.

Tienes que aprender a verte como Dios te ve y no como los demás te están viendo. Si no eres capaz de verte como Dios te ve, nunca podrás gozarte de la nueva posición que te corresponde en Cristo, pues al estar sentado en lugares celestiales sientes el gozo porque Él te ha llamado y te mantiene en reposo y victoria.

Tú te sientas para descansar, ¿verdad? para disfrutar de la paz y la bendición. Dios quiere que tengas esta revelación de Su Palabra para que conozcas tu posición frente a la obra que Cristo hizo por ti. Eso se llama reposar en Él por la fe.

62 Soy Rescatado

*"...sabiendo que fuisteis **rescatados** de vuestra vana manera de vivir, la cual recibisteis de vuestros padres, no con cosas*

> *corruptibles, como oro o plata, sino con la sangre preciosa de Cristo, como de un cordero sin mancha y sin contaminación…"1 Pedro 1:18-19*

La palabra rescate viene de la palabra griega /lutron/, que significa redimido, "el precio de redención de un esclavo". Cristo te redimió de tu mala manera de vivir. Su sangre fue el precio que pagó para quitarte las cadenas y hacerte libre. Eras esclavo y necesitabas que alguien te comprara en el mercado de la oscuridad y del reino de las tinieblas.

> *"¿Será quitado el botín al valiente? ¿Será rescatado el cautivo de un tirano? Pero así dice Jehová: ciertamente **el cautivo será rescatado del valiente, y el botín será arrebatado al tirano**; y tu pleito yo lo defenderé, y yo salvaré a tus hijos." Isaías 49:24-25*

Este fue el ministerio de Jesucristo: rescatar al que estaba prisionero en las garras del tirano. Satanás es revelado en este pasaje del profeta Isaías como el verdugo que castiga y tortura a sus víctimas, mas Jesucristo, el Mesías, vino con la misión de libertador. Pues al morir, desciende a los infiernos y le predica a los encarcelados del Seol y los hace libres trayéndolos al paraíso.

Así los prisioneros fueron rescatados por Cristo de la prisión de esclavitud del pecado; les dio vida después de estar muertos en delitos y maldades. Satanás tenía cautiva tu alma en prisión de muerte, pero Jesucristo te rescató, rompió las cadenas de los grillos de los pies y manos y te liberó del yugo del tirano.

63 Soy Pastoreado

"...porque el Cordero que está en medio del trono los pastoreará..." Apocalipsis 7:17

Son pocos los que conocen en este mundo "moderno" la palabra pastorear. Este término es usado para describir al cuidador que apacienta las ovejas. El trabajo del pastor de ovejas era sacarlas del redil para conducirlas a pastar, cuidarlas y guiarlas por el camino que deberían andar.

Cada creyente recibe estos tres cuidados del Señor:

- Guianza
- Cuidado
- Provisión de alimentos.

Aunque el Apóstol Pedro nombró a Jesucristo como el "príncipe de los pastores", Jesucristo mismo instituyó a pastores para que realizaran este trabajo en la tierra, y sin embargo, Él espera que tengas en cuenta que Su Espíritu Santo te guiará y te cuidará para que tu pie no resbale. También, te provee Su Palabra bendita para alimentarte.

> "Como pastor apacentará su rebaño; en su brazo llevará los corderos, y en su seno los llevará; pastoreará suavemente a las recién paridas." Isaías 40:11

El buen pastor se caracteriza por el cuidado amoroso y paciente hacia la oveja. No sólo la cuida, sino que la alimenta. Sentirse parte de este cuidado personal, como oveja, aumenta la seguridad y el amor hacia Él. Es ahí donde estamos más cerca de la gracia. Él te conoce tan bien, que sabe de ti más de lo que tú puedes aparentar; tus congojas, tus aspiraciones y tus debilidades. Con esto, nos damos cuenta que Él nos ama tal como somos.

*"Jehová te pastoreará siempre, y en las sequías **saciará** tu alma, y dará vigor a tus huesos; y serás como huerto de riego, y como manantial de aguas, cuyas aguas nunca faltan."* Isaías 58:11

Este es el glorioso ministerio de Cristo, el Pastor de los pastores, saciar tu alma en el desierto y no dejar que te seques. Jesucristo, el cordero de Dios, seguirá pastoreando y guiando a sus ovejas por siempre.

"…porque el Cordero que está en medio del trono los pastoreará, y los guiará a fuentes de aguas de vida; y Dios enjugará toda lágrima de los ojos de ellos." Apocalipsis 7:17

"Yo soy el buen pastor; y conozco mis ovejas, y las mías me conocen…" Juan 10:14

"También tengo otras ovejas que no son de este redil; aquéllas también debo traer, y oirán mi voz; y habrá un rebaño, y un pastor." Juan 10:16

David comparó el amor de Dios hacia sus hijos con el cuidado del pastor a sus ovejas; ya que Él, como pastor de las mismas, sabía el esmero que cada buen pastor necesita para cumplir dicha labor.

Jesús se refirió al tema diciendo que Él mismo era el buen pastor. Dijo que tenía muchas otras ovejas que debía traer y que éstas escucharían su voz; por lo que habría sólo un redil y un pastor. Eso certifica que hay un solo camino para llegar a Dios. Jesús se estaba refiriendo que al morir en la cruz abriría la puerta para que muchas almas entraran bajo su cuidado. No sólo judíos, sino gentiles. Pedro, el apóstol, escribió que muchos eran como ovejas descarriadas y que el buen pastor las atraería nuevamente a su redil.

"Porque vosotros erais como ovejas descarriadas, pero ahora habéis vuelto al Pastor y Obispo de vuestras almas."
1 Pedro 2:25

El ser escogido para ser oveja de este redil es un privilegio muy grande, y cada ser humano (como oveja) que ha oído el sonido de su voz le ha seguido.

Si has oído la voz de Dios para esta convocatoria eres parte de este gran redil y estás al cuidado del Buen Pastor. No sólo el Señor conoce a sus ovejas, sino que cada una de ellas lo conoce a Él también.

Para conocer a Dios se requiere de estar muchas horas junto a Él, eso es un proceso de tiempo. Conocer su voz es gozar de madurez y discernimiento, lo que significa que se ha logrado tener una comunión constante con un corazón placido y seguro en Él. La oveja no hace preguntas, ella confía y cree que el Pastor quiere y da lo mejor para ella.

¿Tienes tú la misma confianza que sintió David cuando dijo: Jehová es mi pastor nada me faltará?

64 Soy Establecido Hasta el Final

"...de tal manera que nada os falta en ningún don, esperando la manifestación de nuestro Señor Jesucristo; el cual también os confirmará hasta el fin, para que seáis irreprensibles en el día de nuestro Señor Jesucristo." 1 Corintios 1:7,8

"Ninguno puede venir a mí, si el Padre que me envió no le trajere..." dijo Jesús en Juan 6:44. Si el Dios Padre está interesando en traerte a su reino y despertarte la conciencia al conocimiento de su amado hijo, no será por un tiempo, sino hasta completar la obra. La misión de la salvación no es comenzar, sino acabar. Jesús, en la cruz, dijo: *"acabada está la obra"*. Debes saber que todo lo que el Padre comienza lo termina. Si Dios te ha llamado, confirmará y terminará su trabajo en ti. Este trabajo radica en que se cumplan todos sus propósitos divinos en tu vida. Uno de los propósitos más gloriosos es que participes de las glorias venideras. Todo lo que hay en este transitar es pasajero. El autor del libro de los Hebreos lo dice en el capítulo 11, versículo 16: *"Pero anhelaban una mejor, esto es, celestial; por lo cual Dios no se avergüenza de llamarse Dios de ellos; porque les ha preparado una ciudad"*. No podemos quitar la mirada de aquel día en el cual seremos confirmados delante de Dios. Toda nuestra obra, nuestro llamado y lo que hicimos, en ese día, Él lo declarará.

Él nos confirmará hasta al fin delante del Padre y de los Ángeles que somos hijos de Dios. Jesús lo dijo en el libro de Juan 17:12: *"Cuando estaba con ellos en el mundo, yo los guardaba en tu nombre; a los que me diste, yo los guardé, y ninguno de ellos se perdió..."*.

Todo hijo de Dios sabe que será establecido y confirmado hasta que todo llegue a su fin. Fiel es Dios para guardarnos hasta llegar a la meta y recibir el premio del supremo llamamiento.

65 Soy Llamado a Tener Comunión con Su Hijo

"Fiel es Dios, por el cual fuisteis llamados a la comunión con su Hijo Jesucristo nuestro Señor." 1 Corintios 1:9

Tener comunión con Dios es algo espiritual, y se logra por medio de la búsqueda que hay en el alma acompañada de la fe.

A causa de la promesa soberana e inmutable de Dios, los creyentes tienen seguridad plena, basada en la gracia soberana de Dios, de la presencia y el apoyo incondicional del Espíritu Santo. Si tienes comunión con Él, has sido llamado a tener comunión con Jesucristo; esto representa ser participante de la luz y denota que las tinieblas y las maldiciones no pueden tocar a aquellos que gozan de su comunión.

¿Cómo alguien puede tener comunión con el mundo y a la vez con el Espíritu de Dios? ¿Puede alguien hacer pacto matrimonial y relacionarse íntimamente con otra persona? ¿Puede un creyente unirse a un incrédulo? ¿Tiene comunión Cristo con Belial? Muchos lo hacen, pero la palabra de Dios dice:

> *"No os unáis en yugo desigual con los incrédulos; porque ¿qué compañerismo tiene la justicia con la injusticia? ¿Y qué comunión la luz con las tinieblas?"*
> 2 Corintios 6: 14

Todo aquel que se une con una persona que no es creyente no ha conocido realmente la posición que tiene en Cristo y el llamado glorioso que disfruta al tener comunión directa con Dios.

No dejes que nadie te quite esa comunión, ésta es con el Padre, con el hijo y con El Espíritu Santo.

66 Soy un Ser que está Muerto al Pecado

"Porque si fuimos plantados juntamente con Él en la semejanza de su muerte, así también lo seremos en la de su resurrección; sabiendo esto, que nuestro viejo hombre fue crucificado juntamente con Él, para que el cuerpo del pecado sea destruido, a fin de que no sirvamos más al pecado."
Romanos 6: 5, 6

Ningún humano se ideó el bautismo en aguas, fue un nuevo mandamiento desde el inicio del ministerio de Jesús en la tierra enseñado por Juan el Bautista. El bautismo representaba la muerte y la resurrección de Jesucristo. Para pertenecer a la Iglesia, todo hijo de Dios debe pasar por las aguas del bautismo; esto es señal de obediencia.

El símbolo de sumergirse bajo las aguas representa morir al pecado, significa que la naturaleza pecaminosa del nuevo creyente ya no tiene domino sobre él; es resucitar de una vida sin Cristo para vivir una nueva con Él.

En el griego, la palabra viejo no se refiere a edad avanzada, sino a algo desgastado e inservible. El viejo hombre murió con Cristo y la vida que ahora el creyente disfruta es una vida dada por Dios, que es la misma vida de

Cristo. El cuerpo del pecado es, en esencia, un sinónimo del viejo hombre, el cual ha sido justificado. A través de la unión con Cristo, el ser humano queda completamente libre y nunca más el pecado debe tener dominio y control sobre él.

> "...quien llevó Él mismo nuestros pecados en su cuerpo sobre el madero, para que nosotros, estando muertos a los pecados, vivamos a la justicia..." 1 Pedro 2:24

Jesús mismo llevó los pecados, no sólo sufrió como ejemplo para el cristiano, sino algo mucho más importante, como sustituto del mismo. Cargar con los pecados implicó ser castigado por ellos llevando la condena en lugar de los creyentes, de tal modo, que satisfizo una vez y para siempre la justicia de un Dios totalmente Santo. Esta gran doctrina de la expiación es una de las verdades centrales del evangelio.

Por tanto, se muere al pecado en el sentido de que paga su castigo, que es la muerte, al estar en Cristo quien murió en la cruz como nuestro único y verdadero sustituto. Por medio de esta gran entrega, no sólo hemos sido declarados justos, sino también hemos sido resucitados para andar en una vida nueva con el poder y la presencia permanente del Espíritu Santo.

67 Soy Aceptado en el Amado

*"…para alabanza de la gloria de su gracia, con la cual nos hizo **aceptos** en el Amado."*
Efesios 1:6

Al ser aceptados en Cristo, el Padre Celestial nos da la oportunidad de entrar, por la sangre de Jesús, al trono de Dios. Esto te hace entrar confiado en la obra de Cristo y te da descanso en su presencia.

Cuando dice: *"cual nos hizo aceptados"*, se refiere a la gracia divina, lo que significa amor y favor inmerecidos que han hecho posible que los creyentes sean aceptados por Dios mediante la muerte sustitutiva y la justicia alcanzada que han sido suministradas por Jesucristo; y por cuanto los creyentes son aceptados en Él, ellos como Él, son los amados de Dios.

La obra que hizo Jesús en la cruz fue completa y ninguna obra se puede añadir a ella. Por eso, se puede descansar a su lado. Descansar es confiar plenamente en su obra. Jesús dijo clavado en la cruz: "Consumada está la obra, acabada y finalizada". Esta declaración nos afirma lo que somos en Cristo, no por lo que hacemos, sino por lo que Él hizo y acabó de forma perfecta.

Cuando conoces la verdad declarada en su palabra puedes ir a Dios con toda confianza, este acto de fe te da el privilegio de ir al mismo lugar donde está Jesús sentado y puedes sentarte a su lado a descansar, porque en Cristo recibes la victoria. Tenemos el acceso directo al Padre y no podemos dudar de esta revelación. Jesús dio el ejemplo de cómo se debe orar fervientemente, cuando dijo: *"todo lo que veo hacer al Padre eso hago porque Él está en mi"*.

Creer en este hecho te da confianza y paz constantemente, si lo crees en fe. Estar sentado con Cristo es estar las 24 horas del día viviendo bajo la seguridad y descanso en Él.

Toda la gloria que Dios le dio a su hijo, Él la da a su Iglesia; por tanto, tenemos que entender, por convicción directa del Espíritu

Santo, que no importa en el momento que tú necesites la fortaleza, el milagro y la protección, porque Él estará a tu lado para intervenir favorablemente.

Lo que te espera en la eternidad es sublime, mas hoy tienes que saber cuáles son las bendiciones que están reservadas para ti en Cristo.

68 Soy Libre de la Condenación

"El que en Él cree, no es condenado; pero el que no cree, ya ha sido condenado, porque no ha creído en el nombre del unigénito Hijo de Dios. Y esta es la condenación: que la luz vino al mundo, y los hombres amaron más las tinieblas que la luz, porque sus obras eran malas. Porque todo aquel que hace lo malo, aborrece la luz y no viene a la luz, para que sus obras no sean reprendidas." Juan 3:18-20

La palabra es muy clara cuando dice: si estás en Cristo, eres libre inmediatamente de condenación. Vivir en condenación es estar bajo la opresión de las tinieblas, en el reino de la oscuridad. Cuando somos libres de opresión, entramos en la luz y en la revelación de quién es Cristo y su gran salvación.

Ahora, pues, ninguna condenación hay para los que están en Cristo Jesús, los que no andan conforme a la carne, sino conforme al Espíritu. Porque la ley del Espíritu de vida en Cristo Jesús me ha librado de la ley del pecado y de la muerte. Romanos 8:1-2

Él te libera del pecado y de la muerte, te capacita para cumplir lo ordenado por Dios, cambia tu naturaleza y te reviste de fortaleza para tener victoria sobre toda adversidad; y además de todo esto, te confirma la adopción como hijo de Dios, por la que no hay condenación para el verdadero creyente. El Espíritu de Dios ha reemplazado la ley que sólo podía producir pecado y muerte, con una nueva ley que produce vida y no condenación.

Vivir en Cristo es tener una vida nueva. Dile adiós a la condenación y nunca te condenes a ti mismo. Si Cristo te perdonó, ¿quién eres tú para condenarte? Vive en la libertad que Cristo te concedió.

69 Soy Conciudadano con los Santos de la Familia de Dios

"Así que ya no sois extranjeros ni advenedizos, sino conciudadanos de los santos, y miembros de la familia de Dios…"
Efesios 2:19

Es necesario entender que el Reino de Dios está integrado por personas de todos los tiempos y épocas, que han confiado incondicionalmente en Él.

Allí no hay extranjeros ni forasteros, ni ciudadanos de segunda clase, todos son miembros de la familia de Dios; los pecadores arrepentidos y redimidos no sólo se convierten en ciudadanos de los cielos, sino que pasan a ser parte de esta familia real. El Padre Eterno establece y derrama sobre sus hijos el mismo amor que le da a su hijo Jesucristo.

La gran familia de Dios tiene un destino, un lugar de reposo donde se reunirá para celebrar. El extranjero es aquel que no tiene ciudad permanente. Tú tienes una ciudad permanente, aunque no es en este mundo.

Para que no te pegues demasiado a la tierra, debes recordar siempre lo siguiente: eres conciudadano de los llamados por el Señor y eres parte de esta gran familia, no sólo en la tierra, que es la Iglesia, sino en las grandes mansiones que el Señor está preparando en la casa del Padre.

Pertenecer a la gran familia de Dios es un gran privilegio. Tenemos un nombre espiritual que nos identifica con nuestra genealogía espiritual. El Nombre del Padre Celestial es la cabeza de la gran familia aquí en la tierra como conciudadanos; juntamente con todos los redimidos que la componen en los cielos.

> *"Por esta causa doblo mis rodillas ante el Padre de nuestro Señor Jesucristo, de quien toma nombre toda familia en los cielos y en la tierra..." Efesios 3:14,15*

Los creyentes son vivificados y poseen vida espiritual; son unificados como un sólo cuerpo en la familia de Dios, y como Iglesia de Cristo son su morada edificada con base en la palabra.

Aquí el Apóstol Pablo revela la paternidad fiel y verdadera de Dios, haciéndonos no sólo sus hijos, sino además dándonos herencia en los cielos.

70 Soy un ser que Tiene la Circuncisión Espiritual

"En Él también fuisteis circuncidados con circuncisión no hecha a mano, al echar de vosotros el cuerpo pecaminoso carnal, en la circuncisión de Cristo."Colosenses 2:11

La circuncisión representa la necesidad que el corazón humano tiene de ser limpio, y fue la señal externa de la limpieza del pecado que viene como resultado de la fe en Dios.

En la salvación, los creyentes son sometidos a una circuncisión espiritual al echar de ellos el "cuerpo"(el viejo hombre) pecaminoso carnal. Esto también es representado mediante el nuevo nacimiento que produce una nueva criatura en el momento de la conversión. La afirmación de la transformación externa que se ha operado en el interior, ahora, es manifiesta quitando las obras muertas de la carne. Este acto, sin duda alguna, representa la necesidad de cortar el pecado y de ser purificados para contrarrestar los efectos de la corrupción.

El fundamento del nuevo pacto consiste en la transformación del corazón humano a través de Cristo, en vez de un corazón de piedra, mármol o roca a un corazón sensible de carne para que sienta el palpitar del amor y de la ternura de Dios. El hombre persiste en mantenerse endurecido, pero en este pacto, en el que Dios manifiesta su gracia, Él va a transformar el corazón, la mente y todo lo que le concierna a la vieja manera de vivir.

La gracia no significa tolerar o justificar el pecado, sino la fortaleza que te es dada para que siempre puedas vencerlo en tu vida y no seas arrastrado por la condición del mundo, de la carne, del deseo pecaminoso que persiste en dominar al humano. Cuando tú entiendes la gracia de Dios, el nuevo pacto es el que te cambia el corazón, la mente y todo lo que hay en ti.

De esta manera reveladora, llegarás a la conclusión y convicción, en lo más profundo de tu espíritu, que lo que tú eres ahora en Cristo sólo se lo debes a Él, a su entrega y amor por ti. Es hora de levantarte y creer lo que Dios te ha otorgado por medio de su amado hijo JESUCRISTO.

Conclusión

¡Que extraordinaria diversidad y pluralidad de formas y variantes maneras de poder ser en Cristo! ¡Una más maravillosa que la otra!

...Cada una nos refleja lo variado y vasto en inteligencia que es nuestro gran Dios, y en la forma tan abundante que le gusta crear las cosas: con orden, con combinación, con excelencia y estética.

Así somos en Cristo, un campo fértil sin hallar fin. Si profundizáramos más aún, descubriríamos que su creatividad no se agota; y lo maravilloso es que nosotros estamos dentro de ella.

¡Cree cada un "quién soy en Cristo" y aférrate a su gracia incondicional! Te aseguro que serás más que bienaventurado.

Nuestro deseo es que hayas disfrutado de la lectura y que hayas aumentado un poco más tu conocimiento, fe y expectación por el Señor.

¡Que te de hambre! ... todavía hay mucho más para atesorar.

BIBLIOGRAFÍA

Biblia de Estudio Arco Iris. Versión Reina Valera, revisión 1960. Coypyright © 1995, Broadman & Holman Publishers, Nashville, Tennessee. ISBN: 1-55819-555-6

Biblia Plenitud. 1960 Reina-Valera Revisión, ISBN: 089922279X, Editorial Caribe, Miami, Florida.

Blue Letter Bible Institute (www.blueletterbible.org)

Vine, W.E. *Diccionario Expositivo de las Palabras del Antiguo Testamento y Nuevo Testamento.* Editorial Caribe, Inc./División Thomas Nelson, Inc., Nashville, TN, ISBN: 0-89922-495-4, 1999.

Biblia de estudio MacArthur, ISBN 0-8254-1532-2, edición en castellano, coypyriht 2004, editorial Portavoz

www.ingramcontent.com/pod-product-compliance
Lightning Source LLC
LaVergne TN
LVHW051555070426
835507LV00021B/2593